JN028447

ライブラリ わかりやすい心理学▶2

わかりやすい
教育心理学

榎本 博明 著

サイエンス社

はじめに

　この本は，教育心理学をはじめて学ぶ人を想定し，基本的な事項をわかりやすく解説した入門書です。ただし，多くのテキストにありがちなように，実験や調査の結果をただ羅列するのでは，なかなか理解が進みませんし，意義ある学びにも楽しい学びにもなりません。そこで，それぞれの知見が何を意味するのかがよくわかるように，日常生活と結びつけた記述を心がけました。

　教育心理学というのは，教育実践に活かすことを目的とした心理学です。ゆえに，幼稚園や小学校，中学校，高等学校の教員を目指す人たちを主な読者と想定し，教員免許状を取得する際の必修科目として学ぶ教育心理学にふさわしい内容で構成しました。

　幼稚園児から高校生のどの教育段階であっても，教育の対象となるのは，発達する存在であると同時に学習する存在です。したがって，教育心理学は，発達心理学と学習心理学を中心に構成されることになります。具体的にどのような領域やテーマを扱うかについては，第1章で具体的に示したので，そちらを参照ください。

　この本では，教職課程の教育心理学に求められる基本的な事項を極力漏らさず扱うように留意すると同時に，教育現場で求められる実践的な問題の解決にも役立つ視点を盛り込むことにも注力しました。教育現場において効果的な教育実践を行うには，学習者の心理をよく理解しながら対応するとともに，学習のプロセスについての知見を活かしながら学習指導をしていく必要があります。第1章で具体的に示しますが，やる気のない学習者をやる気にさせたり，学習者の個性に応じた教育的指導を工夫したり，学習者の不安や悩みに対処したりすることが求められます。その際に役立つ多くの知見を散りばめてあるので，ぜひ参考にしてみてください。

　教育というのは，子どもたちのその後の人生を大きく左右するほどの影響力をもつ営みです。ゆえに，教職課程の科目履修者や教育現場で教育実践に携わっている教員に限らず，親をはじめとして子どもたちを取り巻く立場にある多

くの方々にも，教育という営みに強い関心をもっていただきたいと思います。そのような意図のもと，教育にかかわる身近な問題を取り上げ，わかりやすく解説したので，一般の学生や社会人の方々にも，次世代育成に活かすべくぜひ読んでいただきたいと思います。

　最後に，このライブラリの企画ならびにこの本の執筆に際してお世話になったサイエンス社編集部の清水匡太氏に心から感謝の意を表します。そして，この「ライブラリ　わかりやすい心理学」が，多くの読者の役に立つことを願っています。

　2021 年 2 月

榎 本 博 明

目　　次

1

教育心理学とは

1.1　教育心理学とはどのような学問か

　いきなり教育心理学とは何か，などと定義のようなものを持ち出されても，抽象的すぎてなかなかイメージしにくいものです。そこで，まずは教育現場で直面する具体的な問題についてみていきましょう。教育というのは教師と児童・生徒という人間同士の間で行われる営みであるため，そこで生じる問題には人間心理が深く絡んでおり，そうした問題を解明していくことが教育心理学に求められているのです。

1.1.1　教育現場で直面しがちな諸問題

　教師としては，効果的な授業をするにはどうしたらよいかと頭を悩ますものです。児童・生徒のやる気が高まる授業と高まらない授業の違いはどこにあるのか，わかりやすい授業の条件にはどのようなことがあるのかがわかれば，効果的な授業をするためのヒントが得られるはずです（**表 1-1**）。

　同じ授業に対しても，やる気のある児童・生徒とやる気の乏しい児童・生徒がいます。いったい両者の違いはどこにあるのか，どうしたらやる気の乏しい児童・生徒のやる気に火をつけることができるかということも，多くの教師が直面する問題です。

　勉強嫌いの児童・生徒が多いという現実に多くの教師は直面しますが，なぜそうなってしまうのか，どうしたら勉強嫌いの児童・生徒に勉強に興味をもたせることができるかという問題も，多くの教師の頭を悩ませます。

　授業中に積極的に発言する児童・生徒もいれば，ほとんど発言しない児童・生徒もいます。よく発言する児童・生徒が高く評価されがちですが，よく発言する児童・生徒のほうが必ずしも授業内容をよく理解しているわけではありません。そこには個性が絡んでいます。では，それぞれの特徴をどうとらえたらよいのか，そしてどのように評価し，指導していったらよいかも重要な問題です。

　クラスに馴染めない児童・生徒がいますが，その対応を考えるには，なぜ馴染めないのか，本人はそんな自分をどうとらえているのか，どうしたいと思っ

表 1-1　**教育現場で直面しがちな問題とは？**

- やる気の乏しい児童・生徒をやる気にさせるにはどうしたらよいか。
- 勉強嫌いの児童・生徒に勉強に興味をもたせるにはどうしたらよいか。
- 児童・生徒の個性をどうとらえ，どう評価し，どう指導していったらよいか。
- クラスに馴染めない児童・生徒をどう理解し，どう指導していったらよいか。
- 授業に集中できない児童・生徒をどう理解し，どう指導していったらよいか。
- 授業内容を理解できない児童・生徒をどう理解し，どう指導していったらよいか。
- 思春期の悩みや不安にどう向き合ったらよいか。
- 思春期の生徒たちの学校への不満をどう理解し，どう対処したらよいか。
- 児童・生徒のやる気や成果につなげるには，どのような成績評価が望ましいか。
- 生徒のキャリア意識の発達をどのように支援していったらよいか。
- どうしたら児童・生徒から信頼される教師になれるか。

ているかを探る必要があります。

　気が散りやすくて授業に集中できない児童・生徒がいますが，なぜ集中できないのか，どうしたらもっと集中できるようになるかがわかれば，指導がしやすくなります。

　授業内容の理解がなかなか進まない児童・生徒がいますが，その理由はどこにあるのか，どうしたら理解を促すことができるかがわかれば，そのような児童・生徒の支援の仕方を検討することができます。

　思春期の心は不安定で荒れやすいといいますが，悩みや不安など，思春期を生きる生徒たちの心理的特徴が理解できれば，うまくかかわるコツもつかめてくるでしょう。生徒たちが授業や学校にどんな不満をもっているかを知ることも，生徒を指導するにあたって有益です。

　成績評価の仕方も時代によって変遷してきましたが，どのような要素を重視すべきか，今後のやる気や成果につなげるにはどのような成績評価をするのがよいかについては，多くの教師が頭を悩ませます。

　将来どんな職業に就くかは生徒たちにとって大きな関心事のはずですが，キャリア意識の発達について理解しておくと同時に，変動の激しい時代におけるキャリア形成のあり方について理解しておくことが，生徒のキャリア形成の支援の前提となります。

　教師としては，児童・生徒から信頼される存在になりたいと思うものですが，どうしたら信頼される教師になれるか，その条件がわかれば，教師として目指すべき方向もみえてきます。

1.1.2　教育心理学の定義

　教育現場で多くの教師が直面しがちなこうした問題を解決するヒントを与えてくれるのが教育心理学です。教育というのは人と人の間で行われるものであるため，そこには心理的要因が深くかかわっています。そのような視点に立ち，教育の場で起こっていることを解明し，教育という行為をより効果的に行うための方法を探求する学問が**教育心理学**であるといってよいでしょう。

　2013 年に 32 年ぶりに改訂された『最新　心理学事典』（平凡社）では，「教

表 1-2　**教育心理学とは**

「教育とは学習し発達する存在である人間を指導・支援する営みにほかならない。そのため，教育という事象を理論的・実証的に明らかにし，その改善に資することをめざす教育心理学は，学習心理学および発達心理学と密接なかかわりをもっている。」(『最新　心理学事典』平凡社)

「教育心理学は，人の精神について，それが文化・環境との相互作用の中での発達と学習とによって形成されるという観点から解明を進める学問だと定義したい。」(東，1989)

育とは学習し発達する存在である人間を指導・支援する営みにほかならない。そのため，教育という事象を理論的・実証的に明らかにし，その改善に資することをめざす教育心理学は，学習心理学および発達心理学と密接なかかわりをもっている」としています（表1-2）。

　また，東（1989）は，「教育心理学は，人の精神について，それが文化・環境との相互作用の中での発達と学習とによって形成されるという観点から解明を進める学問だと定義したい」としています（表1-2）。

　このように教育心理学の定義は研究者によって多少異なりますが，教育が学習し発達していく人間を対象とする営みであるため，教育心理学が人間が物事を学習する心理メカニズムや人間の心が発達していく心理メカニズムを扱う心理学と深くかかわるのは当然とみなされています。

　さらには，教育心理学は，教育実践に活かすことが社会的に求められており，研究者もそのことを意識しているため，単に理論的関心から研究が行われているのではなく，教育実践に活かすことを想定して研究が行われています。その意味では，心理学の中でもとくに実践的な課題を探求する分野といえるでしょう（表1-3）。

　このことに関しては，前出の東が，自身のことも含めて，つぎのように述べています。「教育心理学を勉強している人々は，心理学者の中ではただ研究自体がおもしろいということ以上に，社会的に"意味のある"ことをめざす人が比率として多い，それが一つの特徴と言えましょうか。」

　では，教育実践の場において求められている教育心理学的な知見にはどのようなものがあるのでしょうか。その具体的な内容については，本書の各章で紹介していくことになります。

1.2　教育心理学で中心となる領域

　教育というのは学習し発達していく人間を対象とする営みであるため，教育心理学は学習心理学と発達心理学の領域が中心になるということはすでに述べました。教育心理学には，その他にパーソナリティ心理学，社会心理学，臨床

表 1-3 **教育心理学は実践的な学問である**

　人間が物事を学習する心理メカニズムや人間の心が発達していく心理メカニズムを扱う心理学と深くかかわる学問である。

　教育実践に活かすことを想定して研究が行われているため，心理学の中でもとくに実践的な課題を探求する分野である。

　「教育心理学を勉強している人々は，心理学者の中ではただ研究自体がおもしろいということ以上に，社会的に "意味のある" ことをめざす人が比率として多い，それが一つの特徴と言えましょうか。」（東，1989）

心理学などの領域に相当する研究も含まれます。当然，これらのうちの複数の領域にまたがるものもあります（表 1-4）。

　発達心理学領域では，幼児期から青年期の心の発達の様相を理解することが教師に求められます。もちろん，そうした全体の流れをつかんだ上で，幼児の教育に携わる者は幼児期から児童期の発達を，児童の教育に携わる者は児童期から思春期の発達を，思春期・青年期の教育に携わる者は思春期・青年期の発達を理解しておく必要があります。発達における遺伝要因と環境要因の絡み合いについて理解しておくことも，効果的な教育を行うために必要となります。

　学習心理学領域では，人間が物事を学習していく心理メカニズムや動機づけの心理メカニズムを理解しておくことが，効果的な教育の工夫につながっていきます。発達心理学と重なる領域において，人間形成における環境要因がわかれば，そこに働きかける教育的刺激のあり方を模索することもできるでしょう。

　パーソナリティ心理学領域では，個性のとらえ方を理解することが効果的な教育の工夫につながっていきます。個人によって物事の受け止め方が異なるだけでなく，発達の様相も異なります。ゆえに，発達心理学領域と重なる領域において，個性の発達の様相を理解することができれば，個性に応じた教育のあり方を配慮することもできるでしょう。

　社会心理学領域では，人間関係に影響する諸要因や人間関係の発達の様相を理解しておけば，学級内の人間関係を理解し，必要なときにはその調整に乗り出すこともできるでしょう。また，教師と児童・生徒の人間関係をうまく調整し，教育効果を高めることもできるでしょう。

　臨床心理学領域では，不適応の諸相，心理発達の歪みや病理などについて理解しておくことが，学業不振，不登校，非行，いじめなどといった学校で生じがちな問題の理解，さらにはそのような問題を抱える児童・生徒の教育的支援を促進することにつながります。

　したがって，教育心理学では，これらの心理学領域にかかわるさまざまな知見を学び，効果的な教育のあり方を模索するためのヒントを獲得することを目指します。

表 1-4 **教育心理学で中心となる領域**

発達心理学……幼児期から青年期の心の発達の様相を理解する。

学習心理学……人間が物事を学習していく心理メカニズムや動機づけの心理メ
カニズムを理解する。

パーソナリティ心理学……個性のとらえ方を理解する。

社会心理学……人間関係に影響する諸要因や人間関係の発達の様相を理解する。

臨床心理学……不適応の諸相，心理発達の歪みや病理などについて理解する。

心 の 発 達

2.1　発達とは

　発達とは，ある一定の方向性や順序性をもった変化のことです。それは，成熟と学習の 2 つの側面からとらえることができます。遺伝的に組み込まれている素質がしだいに展開していく発達の側面が成熟です。それに対して，経験を通して新たな性質を獲得していく発達の側面が学習です（図 2-1）。

　認知機能の発達，自己意識の発達，社会性の発達などについては，次章以降で解説するので，ここではパーソナリティの発達を取り上げ，発達に影響するさまざまな要因についてみていきましょう。

　バルテスたち（1980）は，人間の生涯にわたる発達に影響する要因を 3 つに分けてとらえようとしています。それは，年齢に基づいた要因，歴史に基づいた要因，そして標準化し得ない要因の 3 つです。年齢に基づいた要因とは，暦年齢に強く関係している生物学的および環境的決定因のことです。具体的には，生物学的成熟や年齢を基準にした社会化などがあります。歴史に基づいた要因とは，歴史的な文脈に結びついた生物学的および環境的決定因のことです。具体的には，不況，戦争，人口構成や職業構造の変化などがあります。標準化し得ない要因とは，年齢や歴史的なものに関係なくだれにとっても起こり得る生物学的および環境的決定因のことです。具体的には，転職，配置転換，医学的トラウマ，解雇，離婚，入院，重要な他者の死などがあります。

　ただし，バルテスがあげる後者の 2 つの要因は，いずれも年齢に関係なく影響を受けるものです。たとえ歴史的な流れがあるにしても，個人にとってはあるときに突然押し寄せてくるものに他なりません。

　そこで榎本（2004）は，両者を偶発的な要因としてひとくくりにし，2 要因に整理することでモデル化しています（図 2-2）。すなわち，パーソナリティの発達的変化をもたらす要因として，多くの人が人生上の一定の時期に共通して経験しがちなもの（年齢に関連した要因）と偶発的に経験しがちなもの（偶発的要因）にまずは二分します。その上で，前者を生物学的要因と社会文化的要因に分け，後者を個人的要因と社会的要因に分けています。

発達……ある一定の方向性や順序性をもった変化。

成熟と学習の2つの側面からとらえることができる。
　成熟……遺伝的に組み込まれている素質がしだいに展開していく発達の側面。
　学習……経験を通して新たな性質を獲得していく発達の側面。

図 2-1　発達とは何か

年齢に関連した要因
（多くの人が人生上の一定の時期に共通して経験しがちなもの）
├生物学的要因
　青年期における性的成熟，中年期以降の体力の衰え，成人病の罹患，更年期障害　など
├社会・文化的要因
　各年齢段階に課せられる生活課題，周囲の人々による期待や一般的な社会的期待といった形で突きつけられる発達課題　など

偶発的要因
├個人的要因
　学業上の成功や失敗，受験の成功や失敗，転職，勤務先の倒産，恋愛，失恋，離婚，影響力のある人物との出会い，病気，家族・親友・恋人など身近な人物の病気や死，交通事故や地震・火事などの災害，犯罪事件など
├社会的要因
　戦争，不況，ライフスタイルの変化　など

図 2-2　パーソナリティの発達的変化をもたらす要因 （榎本，2004）

2.2 遺伝と環境

個人のもつ性質が遺伝によって決定されており生涯を通じてほとんど変わらないものであるのか，それとも生後の環境の影響によって形成され環境しだいでいくらでも変わり得るものなのかという疑問に関しては，遺伝か環境か，素質か経験か，成熟か学習かといったさまざまな形の議論が行われてきました（図 2-3）。

2.2.1 単一要因説

遺伝説や環境説のように，どちらか一つの要因をとくに重視する考え方を単一要因説といいます。身分や社会体制が固定的な時代には，支配者階級にとって有利であるため，生得的な素質がしだいに展開してくるという成熟要因を重視する遺伝説が支持されました。ところが，社会が流動的となり，民主平等思想が広がっていく動きと並行して，生後の経験によってさまざまな性質を身につけていくという，学習要因をとくに重視する環境説が支持されるようになってきました。

20世紀の半ばを過ぎる頃から，遺伝か環境かというような単純に割り切った議論は下火となり，遺伝も環境も関係しており両者の絡みを解きほぐそうという考え方が主流となってきました。いわゆる「遺伝か環境か」というようにいずれか一方の要因のみを重視する単一要因説から「遺伝も環境も」というように両要因の絡み合いを前提とする考え方への転換です。

2.2.2 輻輳説（加算的寄与説）

遺伝と環境の両方の要因がともに働くことを前提とする考え方として登場したのが輻輳説です。輻輳説を唱えたシュテルンは，心理的な性質は生得的素質の単なる発現でもなく，また環境的要因の単なる受容でもなく，両者の輻輳の結果であるとしました。そして，遺伝要因と環境要因が絡み合って一定の性質が形成されますが，個々の性質ごとに遺伝と環境の関与する割合が異なると考えました。

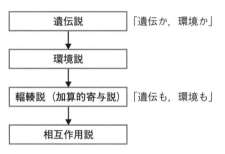

図 2-3　遺伝・環境要因に関する諸説の変遷

　このことをわかりやすく示したのがルクセンブルガーの図式です（図2-4）。この図において，特性Aは遺伝要因と環境要因の比率が6対4くらいで遺伝要因のほうが強く関与していますが，特性Bは1対3くらいで環境要因のほうが強く関与しているということになります。それぞれの性質をこの図の斜線上に位置づけることで，遺伝要因と環境要因の影響力の比率を示すことができます。

　輻輳説の登場により，遺伝か環境かといった単純すぎる議論は排除されました。ただし，遺伝要因と環境要因を切り離されたものとみなし，両者を加算的にとらえようとするところが批判されるようになりました。輻輳説は加算的寄与説とも呼ばれますが，遺伝要因と環境要因の絡みはそのような単純なものではないとする見方が強まるにつれて，輻輳説は力を失っていきます。

2.2.3　相互作用説

　そこに登場したのが**相互作用説**です。これは，遺伝要因と環境要因は単純に加算できるようなものではなく，両者が互いに影響し合い，相乗的に作用すると考えるものです。

　ローラッヘル（1956）は，パーソナリティ形成における遺伝・環境要因の絡みについて，つぎのような論点を示しています。

①心的諸特性への素質が遺伝することは事実である。

②どの素質が発展するか，またそれがどこまで発展するかを決定するのは環境である。

③非常に強い素質はどんな環境でも発展する。

　これは，まさに相互作用説とみなすことができます。このような相互作用的な考え方は，後に知能の遺伝規定性の問題をめぐって多くの議論を呼んだジェンセン（1968, 1972）の環境閾値説の中に，より具体的な形で示されています。

　環境閾値説とは，心身の発達には遺伝と環境の両要因が関与しており，環境の適切さがある水準（閾値）を超えれば遺伝的素質に応じたその性質の発現がみられるが，環境の適切さがその水準に達しない場合にはその発現は大きく阻害される，という考え方です。性質によって閾値の高いものもあれば低いも

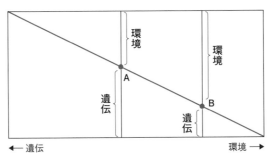

図 2-4　ルクセンブルガーの図式

もあり，閾値の高さによって環境要因の重要性が異なってきます。その考え方をグラフに示したのが図 2-5 です。この図の中の A は閾値が非常に低く，環境条件がそれほどよくなくても素質が十分に開花していくため，遺伝規定性が高い性質ということになります。それに対して，C は閾値がきわめて高く，よほど環境が好ましくないかぎり素質の違いは表面化しないので，遺伝の影響があらわれにくい性質ということになります。

2.2.4　行動遺伝学的なとらえ方

遺伝要因と環境要因の絡み合いを解きほぐそうとする新しい方法に**行動遺伝学的**な研究があります。親の養育態度が子どもの発達に影響するといわれますが，ローヴ（1981）は，双生児研究により，子どもが親の養育態度を温かいと感じる程度には遺伝の影響がみられることを明らかにしました。プロミン（1990）は，親の養育態度には遺伝の影響があることを見出しています。そうなると，養育態度が子どもの発達に影響しているからといって，それをそのまま環境要因とみなすわけにはいかなくなります。

キャドレットたち（1995）は，養子研究により，問題のある養親に育てられた場合に子どもが攻撃行動を起こすのは，実親が反社会的な人格障害でその遺伝的資質を受け継いだ場合であり，その資質がない子どもや資質があっても養親が正常な場合には攻撃行動が発現しにくいことを見出しています。

安藤（2009）は，一卵性双生児と二卵性双生児の性格や知能の類似性を検討したいくつかの共同研究の結果をまとめて図に示しています（図 2-6）。これをみると，神経症傾向（情緒不安定性），外向性，開放性（経験への開放性），調和性（協調性），誠実性（信頼性）といったビッグ・ファイブでとらえられたパーソナリティ特性をはじめとして，一般的信頼性や権威主義的伝統主義，論理的推論や空間性知能に至るまで，多くの性質において一卵性双生児のほうがはるかに類似性が高いことがわかります。このことは，これらの性質が遺伝要因に強く規定されていることを意味します。安藤（2016）は，ビッグ・ファイブでとらえられたパーソナリティ特性については概ね 30〜50％が遺伝によって決まり，知能は概ね 50％以上が遺伝によって決まるとしています。

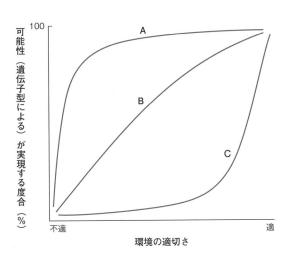

図 2-5　ジェンセンの環境閾値説 (井上，1979)

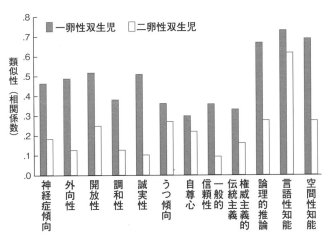

図 2-6　双生児のパーソナリティや知能の類似性 (安藤，2009)

発達と教育の相互作用

2.3.1 成熟優位説と学習優位説

　子どもの発達を成熟優位とみなすか学習優位とみなすかで，望ましい教育的働きかけのとらえ方が違ってきます（表2-1）。

　成熟優位説の立場をとるゲゼルは，何らかの学習をするには成熟によって得られる準備状態（**レディネス**）が必要であるとしました。まだレディネスができていない段階で無理に学習させようとしても非常に効率が悪いとみなし，それを証拠づける実験も行っています。このような見方がレディネス待ちの発達観につながります。何歳くらいでどのような発達を遂げるかはおよそ決まっており，レディネスを待たずに早めに教育することは十分な効果をもたらさないとする立場です。

　これに対してブルーナーは，どんな高度な内容でも，提示方法や説明の仕方を学習者の発達水準に合わせるように工夫することで，知的性格を損なうことなく，どんな年齢段階の子どもにも学ばせることができると考え，レディネス重視の発達観を批判しました（**学習優位説**）。それほど極端でなくても，レディネスの自然な成熟をただ待つのではなく，適切な教育的刺激を与えることで，その成熟を促進することができるとみなす立場があります。これがレディネス促進の発達観です。

　現在では，レディネス促進の発達観が優勢といえます。実際，外国語の習得でも，ピアノやバイオリンなど芸術面でも，水泳やバレーなどのスポーツ面の技能習得でも，レディネス促進による早期教育の効果が実証され，広く実施されています。ただし，効果があるならやらせればいいというわけではありません。それによって，他の面で年齢相応の経験が奪われ，発達が阻害されるということもあり得ます。発達を促進できるという技術的な問題と，その促進が，あるいはそれをするために他の年齢相応の経験が制約を受けることが，本人の人生にとって長い目で見てどのような意味をもつかといった価値的な問題は，切り離して考える必要があるでしょう。

　内田・浜野（2012）は，自由遊び時間が長い幼稚園や保育所の子どものほう

表 2-1 成熟優位説と学習優位説

成熟優位説……何らかの学習をするには成熟によって得られる準備状態（レディネス）が必要であり，レディネスを待たずに早めに教育することは十分な効果をもたらさないとする立場。
＝レディネス待ちの発達観

学習優位説……どんな高度な内容でも，提示方法や説明の仕方を学習者の発達水準に合わせるように工夫することで，知的性格を損なうことなく，どんな年齢段階の子どもにも学ばせることができるとし，適切な教育的刺激を与えることで，レディネスの成熟を促進することができるとする立場。
＝レディネス促進の発達観

が，小学校準備教育として文字や計算，英会話や体操などを教えている幼稚園や保育所の子どもより語彙力が高く，その差は3歳，4歳，5歳と加齢とともに大きくなることを見出しています。そこから，文字や計算は大人から教えられるよりも遊びなど生活の中で身につくものでないかとしています。

　このような結果からしても，早期教育に関しては慎重な判断が求められます。この実験では読み書き能力だけを測定していますが，早期教育を行うことにより，友だちと思いきり遊んだり，空想の世界に浸ったりする経験が奪われた場合に生じ得る，人間関係能力や想像力，自発性などの発達の阻害についても考慮する必要があります。

2.3.2　他者との間で学ぶ

　このようなレディネス促進について考える際には，私たち人間が社会的存在であるということを前提とする必要があります。私たちは，個として閉じた形でいろんなことを学ぶわけではなく，他者とのやりとりの中で刺激を受け学習していく側面があることを忘れてはなりません。

　そうしたことを考えるにあたって参考になるのは，ヴィゴツキー（1935）による**発達の最近接領域**というとらえ方です。ヴィゴツキーは，発達水準を2つに分けてとらえます。一つは，子どもが1人で課題を解決できる水準，いわば現実の発達水準です。もう一つは，親や教師などの大人，先輩などの年長者，あるいは能力の高い友だちなど，他人からヒントを得ることで課題を解決できるようになる水準で，いわば潜在的な発達水準です。この両者の間の領域が発達の最近接領域です（コラム2-1）。

　適切な教育的働きかけによってこの最近接領域を刺激し，潜在的な発達水準が現実の発達水準になっていくように支援するのが教育の役割といえます。潜在的な発達水準が現実の発達水準になると，それより少し上に新たに潜在的な発達水準があらわれます。そこで，今度はその水準を目指して，最近接領域に働きかけていくことになります。このような教育の営みによって，現実の発達水準が高まり，それによって潜在的な発達水準が高まるといったことが繰り返されていきます。

コラム 2-1　発達の最近接領域

「ヴィゴツキーが活躍しました当時，すでに知能テストが盛んに行われていたのですが，彼はこのテストに関して次のようなことを言っています。今2人の子どもに知能テストをやり，同じIQだったとします。そこで今度は2人の子どもに，各々出来なかった問題を大人がヒントを与えたり，助けたりしながらやらせてみるということをしますと，2人の間には違いが出てきます。例えばAの子どもは7歳半ぐらいまでやれたが，Bの方は9歳ぐらいの問題まで出来たというように開きが出たとします。この場合，2人の子どもの発達水準はIQだけによって同程度だといってしまってよいのだろうかというふうに彼は疑問を出しているのです。

　彼が何故このような問題をとりあげたかといいますと，発達にとって教育的働きかけというものが非常に大事であり，またその働きかけは子どもの発達水準を無視して行われたのでは効果が上がらないのでして，子どもがどういう水準にあるかを見究め，それに応じた働きかけをせねばならないということが重要なこととして考えられていたからです。」

「（前略）子どもが，今日大人の助けを受けてできた事は明日独力でできるようになる事に他ならないのだ，というように主張し，模倣や大人からの助けなどによって可能になる領域のことを，その子どもの最も近い発達の領域という意味で『発達の最近接領域』と呼んだのです。そして教育というものは子どもに『発達の最近接領域』を作り出すものだというように述べています。」
（守屋慶子「ソビエトの発達心理学」村井潤一（編）『発達の理論』ミネルヴァ書房，所収）

　このような教育的働きかけのことをブルーナーは足場かけといいます。足場かけによってできるようになったら，徐々に１人でできるように支援の仕方を調整していくことになります。足場かけをうまく行うには，子どもの２つの発達水準を見極める必要があります。ただし，２つの発達水準ともに個人差が非常に大きいため，同じように教育的働きかけを行っても，その効果は個人によって違ってきます。それが教育の難しいところです。

　ヴィゴツキーは，遊びが最近接領域を刺激し，２つの発達水準を高めるとしますが，身近な年長者や友だちとの遊びだけでなく，視聴する子どもたちを遊びに巻き込むアメリカの「セサミストリート」や日本の「おかあさんといっしょ」，1973 年に始まり，45 年の歴史に終止符を打った「ポンキッキ」シリーズなどの教育番組も，最近接領域を刺激する役割を担うものといえるでしょう。セサミストリート視聴前後の知的発達の成績を比較した研究では，３歳児・４歳児・５歳児のいずれの年齢であっても，視聴することで成績が向上することが示されています（図 2-7）。ただし，教育現場においては，より個人個人に即した教育的働きかけが求められます。

2.4　初期経験の重要性

2.4.1　刷り込みと臨界期

　鉄は熱いうちに打てといわれるように，発達についても初期ほど柔軟性があり，経験のもつ効果が大きいことがわかっています。それは，フロイトの精神分析学，ヘッブの神経心理学，ローレンツの動物行動学など，さまざまな方面から指摘されています。ここではローレンツ（1949）が発見した刷り込みという現象についてみてみましょう。

　ローレンツは，あるときハイイロガンの雛が孵化するのを観察していました。するとその雛は母鳥の後を追うように，ローレンツの後を追うようになりました。そのうちに，まるで自分を人間と思っているかのように，常にローレンツと行動を共にしないと気がすまない感じになったのです。このような習性は，いったん確立されると修正は不可能で，生涯にわたって維持されます。後にロ

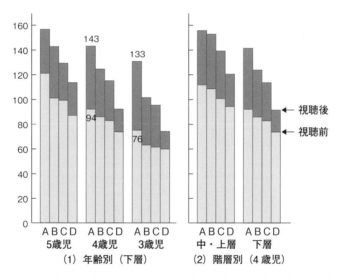

図2-7 セサミストリート視聴前後の得点比較（ボール，1973；井上，1979より）

ーレンツは，この現象を刷り込み（インプリンティング）と名づけました（コラム 2-2）。

　カモやアヒルなどの鳥類では，孵化して間もない頃に目の前にいる大きな動くものの後を追う「刺激―反応図式」が本能として組み込まれています。母鳥を先頭に雛が一列になって移動するカルガモの行進が話題になったりしますが，この微笑ましい光景も本能によるものなのです。通常，孵化して間もない頃に目の前で動く大きなものは母鳥であり，その後に付き従っていれば，身の安全が保障されるし，餌にありつくこともできるので，それは生命を守るという点において理にかなった本能図式といえます（図 2-8）。

　生後の比較的早いうちに，他の時期よりも経験の効果が著しくあらわれる時期があり，それを臨界期といいます。その後，ヘス（1958）の実験など，さまざまな検証が行われました。アヒルやカモの刷り込みは，孵化後 10 数時間のうちに完了し，30 時間を超えた時点ではめったに起こらず，ほぼ初日が臨界期ということになります。イヌのような高等動物になると，もっと柔軟性があり，生後 20〜60 日目にかけて徐々に刷り込みが行われます。しかも，トリほど決定的なものではなく，その後の経験による変更が十分に可能であると考えられます。

　人間に関しても，発達初期の対人関係がその後の対人関係を大きく左右することは，さまざまな研究によって指摘されています。たとえば，精神分析学や発達心理学においても，乳幼児期における両親との愛着関係が将来の友人関係や異性関係をはじめとする人間関係のとり方を大いに規定するとみなされています。ただし，学習能力を十分に備えた人間の場合は，柔軟性が非常に大きいため，初期経験による影響をある程度修正することも可能と考えられています。そこで，人間に関しては，臨界期というような決定的なとらえ方をせず，敏感期というとらえ方をします。これは環境の影響を敏感に受ける時期という意味です。

　たとえば，発達初期の環境剥奪による発達の遅れに関しても，従来いわれているほど取返しのつかないものではないことが，養育放棄児の事例によって示されています（藤永，2001）。

コラム2-2　刷り込みの発見

　ローレンツは，ハイイロガンの人工孵化実験を行った際に，雛が卵の殻を破って出てくるところをじっと観察していました。観察が終わり，ローレンツは生まれたばかりの雛をガチョウの母鳥の柔らかいお腹の下に押し込んで，その場を離れようとしました。ところが思いがけないことが起こったのです。その雛は，ガチョウの母鳥のお腹の下から這い出してきて，か細い声で鳴きながらローレンツを見つめました。そして，首を伸ばしてローレンツ目がけて必死に走ってきました。もう一度その雛をガチョウのお腹の下に押し込んだのですが，結果は同じでした。そこで，ローレンツは何が起こったのかを理解し，その雛の母親役を引き受ける決心をしました。

図2-8　**生まれて間もないカルガモの母子**（著者撮影）

2.4.2　生理的早産説と人間のもつ大きな可能性

　動物学者ポルトマン（1951）は，出生条件から哺乳類を離巣性と就巣性とに分類した際，人間はそのどちらにも分類できない特殊な存在であることを発見しました。ポルトマンによれば，哺乳類の出生条件には表2-2のような3つの規則性があります。それによれば，高等哺乳類は離巣性，下等哺乳類は就巣性とみなすことができます。

　この規則性を人間に当てはめると矛盾が生じます。人間の場合，妊娠期間が長く，一度に生まれる子どもの数が原則として単体であるという点では，高等哺乳類の条件に当てはまります。しかし，3つ目の成熟状態に関しては，十分に成熟しているどころか，きわめて未熟な状態で生まれてきます。ウマやウシならその日のうちに歩き始めますが，人間の新生児がいきなり歩き出すようなことはあり得ず，歩き始めるまでにおよそ1年を要します。

　人間に特徴的とされる直立歩行，言語の使用，道具の使用，洞察ある行動などは，生後1年のうちに徐々にあらわれてきます。ここからポルトマンは，人間は本来ならばあと1年長く母親の胎内にとどまるべきところを，何らかの事情によって早く生まれてきてしまうのだとして，**生理的早産説**を唱えました。

　この出生時における未熟さが，じつは人間のもつ大きな可能性のもとになっていると考えることができます。ポルトマンも，本来胎内で過ごすべき1年を胎外で過ごすことについて，つぎのように述べています。

　「人間がもし本当の哺乳類だとしたら，まだ暗いおなかの中で純粋に自然法則のもとで自然に発育を続けなければならないはずのこの時期に，すでに『歴史的』法則のもとに立っているのである。この子宮外の幼少の時期に，全く一般的などんな人間の子どもにもあてはまる発達『過程』の他に，また1回きりの二度と繰り返せない，歴史的な『出来事』も無数に起こ」（ポルトマン，1951）るとしていますが，これらの出来事が一人ひとりのその後の人生を大きく左右するのです。

　成熟したときには知的にも情緒的にもきわめて高等な存在となる人間が，生まれた時点では下等哺乳類のように未熟な状態であることは，成熟が生後の課題として残されていることを意味します。それは同時に，どのような姿に成熟

表 2-2 哺乳類の出生条件にみられる 3 つの規則性
（ポルトマン，1951 より作成）

	妊娠期間	一度に生まれる子の数	出生時の成熟状態
高等哺乳類	長い	少ない （原則単体）	きわめて未熟
下等哺乳類	短い	多い	十分成熟

①妊娠期間……下等哺乳類ほど短く，高等になるほど長い。
②一度に生まれる子どもの数……下等哺乳類ほど多く，高等哺乳類
　　　　　　　　　　　　　　　　では原則として単体。
③出生時の成熟状態……下等哺乳類は非常に未熟な状態で生まれて
　　　　　　　　　　　くるため十分な保護が不可欠であるのに対
　　　　　　　　　　　して，高等哺乳類は十分に成熟した状態で
　　　　　　　　　　　生まれてくるため生後間もなく自力で行動
　　　　　　　　　　　できる。

人間は高等哺乳類であるにもかかわらず，きわめて未熟な状態で生まれてく
る。そのように未完成で生まれてくることが，人間における幅広い個性と限
りない可能性をもたらしている。

していくかは生後の経験に大きく依存することを意味しています。そこに教育の役割と可能性があるのです。

　一般の高等哺乳類は，非常に成熟した状態で生まれてくる代わりに，すでにかなりの程度完成しているため学習の余地はきわめて小さいといえます。必要な行動レパートリーはすでに本能として身につけているため，学習能力をそれほど必要としません。しかし，人間の場合は，出生時に備えている行動レパートリーはわずかであり，生後の社会的経験によって獲得すべき部分が大きく，学習能力を必要とします。

　生後に多くのことを学習し，身につけていかなければならないということは，経験から学ぶ能力を十分にもって生まれてくるということでもあります。このように，人間として生きていくのに必要とされるさまざまな能力を身につけて生まれてくるのではなく，それらを生後に身につけるための学習能力をもって生まれてくるのが，まさに人間の特徴といえます。

　ここで重要なのは，必要な能力を身につけて生まれる場合は，出生時にすでにほぼ完成されているため，生後の環境による影響は小さく，個体差は小さくなります。ところが，生後の経験から学んでさまざまな能力を身につけていくとなると，生後の経験や学習能力によって大きな個体差が生じることになります。ゆえに，人間のもつ幅広い個性と限りない可能性は，未完成で非常に未熟な状態で生まれてくることによるということができるでしょう。このことが教育の重要性を際立たせるのです。

2.5　発達段階

　人間の発達をとらえる際に，年齢段階による発達水準の違いに着目し，いくつかの発達段階に分ける試みが行われています。多くの場合，乳児期，幼児期，児童期，青年期，成人期，老年期などに区分し，それぞれの発達段階の心理的特徴や心理的課題が指摘されています。

　エリクソンは，人間の生涯を8つの発達段階に分けた心理・社会的発達段階論を唱えています。それは，生物学的な内的要因と心理・社会的危機をもたら

老年期 VIII								統 合 対 絶望, 嫌悪 **英知**
成人期 VII							生殖性 対 停 滞 **世話**	
前成人期 VI						親 密 対 孤 立 **愛**		
青年期 V					同一性 対 同一性混乱 **忠誠**			
学童期 IV				勤勉性 対 劣等感 **適格**				
遊戯期 III			自主性 対 罪悪感 **目的**					
幼児期初期 II		自律性 対 恥, 疑惑 **意志**						
乳児期 I	基本的信頼 対 基本的不信 **希望**							
	1	2	3	4	5	6	7	8

図 2-9　**発達漸成図式——心理・社会的危機**（エリクソン，1982）

す社会的要因との相互作用によって発達が進むとするもので，発達漸成説とも呼ばれます。図 2-9 はエリクソン（1982）による**発達漸成図式**です。ここには各発達段階において社会的に求められる発達課題が示されています。それぞれの発達段階において求められる発達課題に取り組むことで，その発達段階にふさわしい性質が身についていきます。

　たとえば，乳児期には，養育者との間に健全な愛着関係を築き，基本的信頼感を獲得することが最重要課題となります。幼児期初期には日常の生活習慣を確立し，自律性を身につけることが最重要課題となります。遊戯期には，友だちとの遊びなどを通して自主性を身につけることが最重要課題となります。学童期には，学校における勉強への取組みなどを通して勤勉性を身につけることが最重要課題となります。青年期には，自己意識の高まりとともに，読書や思索を通して，「自分とは何か」「どういう生き方が自分らしいのか」といった問いと向き合い，同一性（アイデンティティ）を確立することが最重要課題となります。

3

言語・思考・記憶の発達

3.1　言語の発達

3.1.1　言語獲得の前段階

　子どもは１歳になる頃から言葉を話し始めますが，それ以前にも言語の発声に向けてさまざまな発達がみられます。そこで重要となるのが養育者との表情や声のやりとりです。生まれたばかりの子どもは，養育者にあやされたり，授乳してもらったり，オムツを替えてもらったりしながら，コミュニケーションの土台をつくっていきます。そのうち養育者の目を見つめたり，養育者に訴えかけるように泣いたり，養育者の真似をして口を開けたりといったコミュニケーションが盛んに行われるようになります。そして，養育者が話しかけると，視線を向けたり，微笑んだり，手足を動かしたりして，嬉しそうに反応します。

　はじめのうちは，子どもが発するのは泣き声がほとんどですが，生後２カ月くらいになるとクーイングも聞かれるようになります。**クーイング**というのは，「ヒュー」「アー」のような発声で，くつろいでいるときに発せられます。

　生後４カ月くらいになると，喃語を発するようになります。**喃語**というのは，子音と母音で構成される，とくに意味をもたない発声で，機嫌のよいときに発せられます。これは，どの言語にも共通にみられ，この時期には所属する文化の言語では用いない音声も発声できるとされます。

　生後６カ月くらいになると，養育者が発する言葉を模倣するようになり，いろんな声を出し，しきりに声遊びをするようになります。

　生後９カ月くらいになると，子どもと養育者という二者関係に事物（生き物も含む）が介在する三項関係がみられるようになります。そこでは指差し行動がよく用いられます。関心のある事物を指差し，養育者の目をそちらに向けさせ，一緒に注視するようになり，これを**共同注視**といいます。その際，コミュニケーション言語の原初的形態としての発声が多くみられます。それに対して，養育者が言葉と表情で反応し，子どもの発声を意味づけるとともに，それに対する回答を与えたりします（コラム 3-1）。こうしたやりとりを積み重ねることで，子どもは自分の関心や気持ちをあらわす言語を獲得していきます。

コラム3-1 三項関係における指差し行動・発声と養育者の反応

　私の娘も，ちょうど9カ月の頃，何かに関心を向けるたびに，「あ，あ，あ」と言いながら，そっちのほうを指差しました。それに対して，私は「ワンちゃんだね，かわいいね」「ブランコで遊んでるね，楽しそうだね」「もっとほしいの？」などと反応したものでした。指差しではなく，部屋のどこかで見つけた物をもってきて，「あ，あ，あ」と言って差し出すことも多く，私は「お人形さんだね，遊びたい？」「ゴミだね，捨てないとね」「ラムネ，食べたいの？」などと応答し，一緒に遊んだり，一緒にゴミ箱に捨てに行ったり，ラムネの包みを破って食べさせたりしました。自分の手や足を差し出して，「あ，あ，あ」と言うこともあり，「痛いの？」「ベタベタしてるね」「色が付いちゃったね」などと応答し，痛いのが治るおまじないをしたり，ベタベタしてるところを拭いたり，クレヨンの汚れを拭き取ったりしました。

　こうしたやりとりを始終繰り返すことにより，物の名前を覚えたり，行動をあらわす言葉を覚えたり，自分の思いを伝える言葉を覚えたりしていきます。もちろん間違った表現や発音をすることもありましたが，こちらの反応に応じて即座に修正していく幼い子の能力に驚くこともありました。

3.1.2　言語の獲得

　１歳くらいになると，何を言っているのかはっきりとわかる意味のある言葉を口にし始めます。最初に口にし始める言葉を**初語**といいますが，典型的なのは食べ物を意味する「まんま」です。

　１歳になると，このような言葉を１つだけ発することが頻繁になりますが，１単語で文として機能するものを**１語文**といいます。「まんま」以外にも，自動車を意味する「ブーブ」，イヌを意味する「ワンワ」，「お花」などが１語文に相当します。１語文には多様な意味がありますが，それを養育者が共感的に解釈して反応することで，言語の機能が発達していきます（**コラム 3-2**）。

　生後１歳半から２歳くらいになると，**２語文**を口にするようになります。「これ，ブーブ」「あっかい，ブーブ」のように言いながら自動車のオモチャを差し出したり，「ワンワ，かわいい」と言ってイヌを指差したり，「お花，きれい」と言って花を指差したりするようになります。さらには，「まんま，たい」（まんまを食べたいという意味），「まんま，ないない」（まんまを食べたくないという意味）のように要求や意思表示を２語文で伝えることもできるようになります。

　その頃になると語彙数が急速に増え始め，２歳を過ぎる頃には語彙数が急激に増加します。これを語彙の爆発といったりします。この時期には，しきりに物の名前を尋ねたりします。そして，１歳半頃にはわずか50語程度だったのが，２歳で200〜300語程度，３歳で1,000語程度と飛躍的に増加し，簡単な日常会話には不自由しない程度のコミュニケーション能力を獲得します。その後も，４歳で1,500語程度，５歳で2,000語程度，６歳で4,000語程度というように語彙数は急激な増加を示します（図3-1）。

　このような語彙数の急増と並行して，２歳を過ぎる頃から２語文から多語文への発達がみられるようになります。こうして発話の語数が増えていき，しだいに多くの語を含む長い文の発話ができるようになっていきます。

3.1.3　認知の発達と言語の内面化

　言語能力の発達には，語彙数の増加や文法構造の習得だけでなく，認知能力

コラム3-2 1語文の含意とそれをめぐる養育者とのやりとり

「まんま」＝（含意の例）「まんま，ちょうだい」「まんま，おいしい」
　　　→（養育者の反応の例）「まんま，ほしいの？」「まんま，おいしいね」
「ブーブ」＝「これ，ブーブ」「ブーブ，いいでしょ」
　　　→「ブーブだね」「ブーブ，かっこいいね」
「ワンワ」＝「ワンワ，いる」「ワンワ，ほえてる」
　　　→「ワンワいるね」「ワンワ，ほえてるね」
「お花」＝「お花，さいてる」「お花，きれい」
　　　→「お花，さいてるね」「お花，きれいだね」

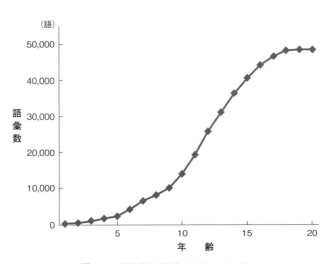

図 3-1　**語彙数の発達**（渡部，2019）

の発達も大いに関係してきます。つぎの節で取り上げる自己中心性からの脱却という意味における認知能力の発達も，コミュニケーションとしての言語発達に影響します。たとえば，相手の気持ちに共感できるようになったり，相手の立場を想像できるようになることで，相手が口にする言葉の意味がわかるようになります。

　このような言語能力の発達には，養育者など周囲の大人の働きかけが大きく作用します。その大人の話しかけてくる言葉や話し方を真似るということに加えて，その大人との気持ちの交流を背景とした言葉のやりとりが，重要な意味をもってきます。

　第２章でも触れたように初期経験は重要な意味をもちます。ただし，出生直後から放置されていたとみられる姉弟の事例をみると，6歳および5歳のときに救出された際には1歳児程度の発達水準でしたが，その後，手厚い治療教育により著しい回復をみせたのです（藤永，2001）。その際，保育担当者との愛着関係がうまくいくと言語発達が急速に進行することが明らかになっています。

　そして，幼児期には，言語がコミュニケーションの道具として機能するだけでなく，思考の道具として機能するようになってきます。いわば，コミュニケーション言語に対する思考言語の誕生です（図3-2）。

　その際，ヴィゴツキー（1934）は，外言と内言を区別し，独り言に着目しました。**外言**というのは，他者に向けて発せられる言葉で，いわゆるコミュニケーションの道具としての言語です。一方，**内言**というのは，自分の内面で発せられる言葉で，いわゆる思考の道具としての言語です。そして，**独り言**は内言の機能を担いながらも，まだ内言が確立されていない段階であるため外言の形をとっているのだとみなします（藤永，1995；神谷，2019）。自分が考えていることをいちいち口に出す独り言を聞いていると，たしかに心の中の思考過程を言語化したものといえます。このような独り言がやがて内面化され，内言となって思考の道具として機能し，自己内対話が盛んに行われるようになります。こうして豊かな内面生活が出来上がっていきます。

コミュニケーションの道具としての言語

思考の道具としての言語

【外言と内言】

外　言……他者に向けて発せられる言葉＝コミュニケーションの道具。

内　言……自分の内面で発せられる言葉＝思考の道具。

独り言……内言の機能を担いながらも，まだ内言が確立されていない
　　　　　段階であるため外言の形をとっている（これがやがて内面
　　　　　化されて内言となる）。

図 3-2　言語の役割

3.2　思考の発達

3.2.1　ピアジェの発生的認識論

　知的発達段階論の代表的なものとして，ピアジェの**発生的認識論**があります。発達段階論の有用性は，子どもの発達段階に応じた教育的働きかけをするためのヒントが得られるところにあります。

　ピアジェは，物事をとらえる枠組み，つまり認識の枠組みのことを**シェマ**（図式）と呼び，その発達を同化と調節という 2 つの心の働きによって説明しました。**同化**というのは，自分がもっている認識の枠組みを環境に押しつけること，言い換えると，すでにもっている認識の枠組みに従って対象を理解しようとすることです。一方，**調節**というのは，環境条件に合わせて自分を変えること，言い換えると，すでにもっている認識の枠組みが通用しないとき，対象に合わせて認識の枠組みを修正することです（**コラム 3-3**）。そして，同化と調節のバランスを保つことを**均衡化**といいます。つまり，均衡化とは，「子どもが自身のもつ既得の知識や信念の体系と現在の諸経験からくる結論との間に背反と葛藤を感じ，それを反省することによって新しい統合的解決を得ること」（藤永，1995）です。

　ピアジェは，認知発達をとらえるにあたって，感覚運動期，前操作期，具体的操作期，形式的操作期の 4 つの発達段階を設定しています（ピアジェ，1932；ピアジェとインヘルダー，1966；**表 3-1**）。

1.　感覚運動期

　感覚運動期とは，言語や表象をもたないため，今ここにある世界を生きており，言語や表象を介さずに刺激に対して反応している段階のことです。表象というのは，目の前にない事物を思い浮かべる心の作用です。この時期には，概念ではなく行動によって知的活動を行っています。

　表象が可能になるにつれて，目の前にない物についても頭の中で思い浮かべることができるようになっていきます。たとえば，対象の永続性の概念を獲得することがこの段階の課題の一つとみなされます。バウアー（1971）は，生後 20 日，40 日，100 日の赤ん坊を対象に，永続性の概念をもっているかどうか

コラム3-3　同化と調節

「たとえば子どもが，昆虫という自分なりの概念を持っているとするとトンボもちょうも昆虫だと，かぶと虫も昆虫だと，子どもは，こんなふうに同化していくわけなんですね。自分の持っている概念にあてはまるものを同化していって，それを昆虫だと認めているわけです。しかしいつでもそれでいけるかといいますと，そうとはいかないので，たとえば蟻を先生から見せられた。その子は，昆虫というものは，小さくて羽があって飛ぶものだという概念を持っている。すると蟻は昆虫としては同化できない。しかしこんどは羽の生えている蟻をみせられると羽が生えていて飛ぶのだから同化するわけですね。しかしそうなっていきますと，蟻の中で昆虫であるものと，昆虫でないものがでてくるわけですから，またおかしなことになってくる。いろいろやっている間に，こんどは昆虫には羽のないものもいる。あるいは，羽を持っているかどうかということは，必らずしも昆虫のきめてになるとは限らないということに気づく。そうすると子どもは，それまでに自分がもっていた昆虫という概念を作りなおしていかなくてはならないわけです。そこで昆虫の概念を作りなおしたら，蟻もすぐ昆虫として，同化できるわけです。この自分の概念の作りなおしが調節です。

このように同化していって，同化しきれないと調節が起こってそれでもって，また新たな同化が起こる。」

（岡本夏木「ピアジェの知能の発生的段階説」村井潤一（編）『発達の理論』ミネルヴァ書房，所収）

を確かめる実験を行っています。その結果，生後20日の赤ん坊は，15秒間隠されていた物が再び出現すると驚きましたが，それが消失しているときにはあまり驚きませんでした。一方，生後100日の赤ん坊は，15秒間隠されていた物が再び出現するときはあまり驚きませんでしたが，それが消失していると驚きました。ここから，生後20日から100日の間に対象の永続性の概念が徐々に獲得されていくことがわかります。

2. 前操作期

　前操作期になると，表象が可能になり，ある物で別の物を象徴することもできるようになります。ごっこ遊びができるようになるのも，そうした知的機能の発達によるものといえます。

　この段階の思考は，自己中心性という言葉で特徴づけられます。ピアジェは，三つ山問題を用いて，この段階の自己中心性の様相を説明しています。この段階のはじめのうちは，自分の視点しかとることができないため，自分とは異なる位置にいる他者からどう見えているかを想像することができません。

　この他に，この段階の子どもの特徴として，保存の概念をもたないということがあります。たとえば，図3-3の容器1と容器2は同じ形で，それぞれに同じ量の液体が入っています。容器2の液体を細長い容器3に子どもの目の前で移し，容器1と容器3のどちらのほうが液体が多いかを尋ねます。すると，この段階の子どもは容器3のほうが多いと答えます。高さが高くなったから量が増えたと思ってしまうのです。ゆえに，量の保存の概念の獲得が課題となります。

　また，同じ数のおはじきを2列に並べてあり，目の前でそのうちの1列の間隔を広げ，どちらのほうがおはじきが多いかを尋ねると，この段階の子どもは長くなった列のほうが多いと答えます。ここでは数の保存の概念の獲得が課題となります。

3. 具体的操作期

　具体的操作期になると，概念的操作ができるようになり，他者の視点を想像するなど，自己中心性から脱却していきます。それに伴い，量や数の保存の概念を獲得するようになります。つまり，形が変わっても量が変わらないことや，

表 3-1　ピアジェの認知発達段階

発達段階	年齢の目安
感覚運動期	0〜 2 歳
前操作期	2〜 7 歳
具体的操作期	7〜11 歳
形式的操作期	11〜15 歳以降

図 3-3　量 の 保 存

列の長さが変わっても数が変わらないことを理解します。

　また，この時期になると，論理的思考ができるようになり，系列化や分類の課題に成功するようになります。系列化というのは，たとえば長さの違う棒を長い順に並べたり，大きさの違うビー玉を小さい順に並べたりすることです。分類というのは，たとえば色と形の違う図形を色で分類したり，形で分類したり，より複雑になると色と形を組み合わせて分類したりすることです。

　ただし，論理的に考える対象は現実に存在する具体的な物に限られ，言語のみによる抽象的思考はまだできません。

4. 形式的操作期

　形式的操作期になると，仮説的な概念的操作ができるようになり，抽象的な論理的思考が可能になります。

　思考の内容と形式を分離し，形式のみに関して抽象的に考えることができるようになるのが，この段階の特徴といえます。たとえば，推移的推論ができるようになり，「ネズミはヒトよりも大きい」と「ヒトはクマよりも大きい」という2つの仮説的な前提を踏まえて，「ネズミはクマよりも大きい」という判断ができるようになります（林，2020）。現実の世界では，ネズミはヒトよりも小さいので，具体的操作期の段階にある子どもは，この課題に失敗しますが，形式的操作期になると，このような現実的にあり得ない仮説に合わせ，形式論理によって課題を解決することができるようになります（図3-4）。

　この段階になると，現実にない可能性の世界，想像の世界についてあれこれ考えたりすることができるようになり，複雑な概念的操作がどんどんできるようになっていきます。具体的な事物から離れた抽象的な思考もできるようになります。思春期になると内面的世界が広がり，自分の世界に浸るようになるのも，形式的操作が可能になるからです。「どう生きるべきか」「自分らしさって何だろう」「友だちと自分はどうしてこんなに感受性が違うんだろう」「なぜこっちの気持ちがうまく伝わらないんだろう」「どうして自分は人前に出るとおどおどしてしまうんだろう」などといった抽象的な問題をめぐってあれこれ思い悩むようになるのも，形式的操作が可能となり，さまざまな概念的操作が行われるようになるからです。

2 つの仮説
「ネズミはヒトよりも大きい」
「ヒトはクマよりも大きい」

【課題】
「ネズミはクマよりも大きい」という判断は正しいか，正しくないか。

このようなことは現実にはあり得ないため，具体的操作期の子どもは解決困難。

現実にあり得なくても，形式的操作期の子どもは，
「A＞B」かつ「B＞C」ならば「A＞C」
といった形式論理に従って解決できる。

図 3-4 **形式論理による課題解決**（林，2020 をもとに作成）

3.2.2　思考の発達の個人差

　ピアジェの発達段階論をみながら，目の前にいる子どもの様子を見ると，違和感を覚えることがあると思います。それは，発達には大きな個人差があるからです。ピアジェが描いたのは，あくまでも平均像です。その後の教育方法の改善や早期教育の普及により，子どもの発達が早まっている面もあります。それと同時に，素質や教育環境のせいで平均像よりも発達が遅れることもあります。

　ピアジェの発達段階論でいうと，中学生くらいになると形式的操作が可能になるはずです。しかし，実際には，それができない中学生や高校生あるいは大学生もかなりの比率でみられます。

　アメリカのある研究報告によれば，中学生用として作成された形式的操作の課題が十分遂行できない大学生が，大学入学時に30〜40％もいるとのことです（市川，1990）。これはかなり古いデータなので，大学がより大衆化している現在は形式的操作の課題をこなせない大学生の比率はもっと高いものと推測されます。

　刈谷（2012）によれば，学力以外の面を考慮に入れた多元的な基準で学生を選抜するアメリカの大学では，学力低下の問題が深刻化しており，多くの大学で高校で学んでいるはずの内容の補習教育を行っているといいます。日本の大学の入試も学力以外の基準を大幅に取り入れてきているため，まったく同じ状況がみられます。そうなると，高校で習う内容を習得していないだけでなく，それに先立って中学で習ったはずの内容も習得できていないということも十分あり得ます。

　そもそも形式的操作が十分できなければ，中学や高校の教科書を読んでもきちんと理解できないはずです。実際，新井の調査によれば，中学生の約２割は教科書の文章の主語と目的語が何かという基礎的な読解ができておらず，約５割は教科書の内容を読み取れていませんでした（朝日新聞2016年11月9日付）。それを踏まえて新井たちが中学生および高校生に実施した基礎的読解力調査の問題の正答率をみても，形式的操作による論理的理解が困難な中学生や高校生が非常に多いことがわかります（コラム3-4）。

コラム3-4 基礎的読解力調査の問題例と中学生・高校生の正答率

[問題]

　「仏教は東南アジア，東アジアに，キリスト教はヨーロッパ，南北アメリカ，オセアニアに，イスラム教は北アフリカ，西アジア，中央アジア，東南アジアにおもに広がっている。」

　この文脈において，以下の文中の空欄にあてはまる最も適当なものを選択肢のうちから1つ選びなさい。

　　　オセアニアに広がっているのは（　　　　　　）である。
　　　　①ヒンドゥー教　　②キリスト教　　③イスラム教　　④仏教

　正解は②のキリスト教だということは容易にわかるはずなのですが，正答率は中学生で62%，高校生で72%でした。中学生の4割近く，高校生の3割近くが読み取れなかったのです。

（新井紀子『AI vs. 教科書が読めない子どもたち』東洋経済新報社）

経済協力開発機構（OECD）が，各国の 15 歳（日本では高校 1 年生）を対象に 2018 年に実施した学習到達度調査（PISA）の結果が 2019 年に公表されました。その中の読解力問題をみても，ごく簡単な読解すらできていない実態が明らかになっています（**コラム 3-5**）。

3.3 記憶の発達

3.3.1 記憶の分類

アトキンソンとシフリン（1968）は，情報処理論をもとにした認知心理学的立場から，記憶の多重モデルを唱えています。それによれば，記憶は感覚記憶，短期記憶，長期記憶の 3 種類に分けることができます（**図 3-5**）。

感覚記憶とは，ほんの一瞬だけ情報が保持されるもので，たいていは 1 秒以内，せいぜい数秒で消失すると考えられています。何かを見たり聞いたりして，それが何であるかを瞬時に判断するというのは生活場面でたえず起こっていることですが，その際に感覚記憶が機能していることになります。無数の刺激が感覚器官を通して入ってきますが，とくに注意を向けたもの以外は，すぐに消え去っていきます。

短期記憶とは，数秒から 10 数秒程度保持される一時的な記憶のことです。ただし，その刺激を頭の中で繰返し読み上げる，つまりリハーサルすることで，保持時間を延ばすことができます。たとえば，電話番号を聞いて，そこに電話するときなどは，聞いた番号に意識を集中することで感覚記憶から短期記憶に送り込み，リハーサルによって維持し続けながら電話をかけることになります。ただし，機械的反復のリハーサルの場合，音響効果による貯蔵にすぎないため，せいぜい数十秒程度で忘れてしまいます。上述の例でいえば，電話を終えた頃には記憶から消えています。

長期記憶とは，意味の連鎖によって保持される，比較的永続性のある記憶のことです。そこには，それまでに経験したあらゆる意味のある事柄や知識が保持されています。長期記憶として主としてイメージされやすいのが，エピソード記憶と意味記憶です。

コラム3-5　学習到達度調査（PISA）の問題例と正答率

　本文は省略しますが，書評の体裁をとる本文の中から，以下の5つの文をそのまま抜き出し，それぞれが「事実」か「意見」かを問う問題です。

①本書には，自らの選択とそれが環境に与えた影響によって崩壊したいくつかの文明について書かれている。

②中でも最も気がかりな例が，ラパヌイ族である。

③彼らは有名なモアイ像を彫り，身近にあった天然資源を使ってその巨大なモアイ像を島のあちこちに運んでいた。

④1722年にヨーロッパ人が初めてラパヌイ島に上陸した時，モアイ像は残っていたが，森は消滅していた。

⑤本書は内容がよくまとまっており，環境問題を心配する方にはぜひ読んでいただきたい一冊である。

　答は，①③④が「事実」，②⑤が「意見」です。

　これがすべてできて正解としますが，正答率は日本が44.5%，OECD平均が47.4%でした。いずれにしても半数以上が間違えているのです。本文からそのまま抜き出された文なので，内容が正しいかどうかをじっくり検討する必要はなく，ただその文が「事実」を記したものか，それとも「意見」を記したものかを判断すればよいだけです。それにもかかわらず，高校1年生の半数以上ができないのです。

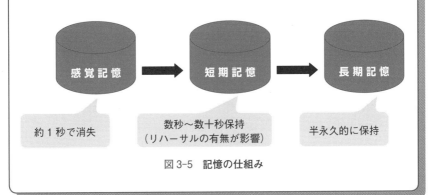

感覚記憶 → 短期記憶 → 長期記憶

約1秒で消失　　数秒〜数十秒保持（リハーサルの有無が影響）　　半永久的に保持

図3-5　記憶の仕組み

　エピソード記憶とは，個人的な経験に基づく記憶のことで，いつ，どこで，どんなことが起こった，というような内容が含まれます。懐かしい思い出や忌まわしい思い出などがその典型ですが，とくに感情を伴わない年表的な出来事の記憶も含まれます。また，自分自身のエピソードだけでなく，人から聞いたりニュースで見たりしたエピソードも含まれます。

　意味記憶とは，一般的な知識や概念に関する記憶のことで，固有名詞（著名人や知人の名前など），言葉の意味，物や生物の概念（その中にも，動物→犬→柴犬などといった階層構造がみられる），社会的構成体の概念（学校，会社，病院，交番など），法律やゲームのルールといった抽象的知識など，さまざまな知識が含まれます。

　エピソード記憶や意味記憶は言語化できる記憶ですが，長期記憶には言語化しにくい記憶もあり，前者を**陳述記憶**，後者を**非陳述記憶**といいます。非陳述記憶に該当するのが手続き記憶です。たとえば，テニスに習熟している人は，そのコツを身体で記憶しているわけですが，それを他人に言葉で伝えようとすると困難を感じるはずです。すなわち，**手続き記憶**とは，認知的・行動的な一連の手続きとして再現されやすい記憶のことで，各種の運動スキル，芸術スキル，仕事のスキル，社会的マナーなど，主として身体に染みついたスキルを指します（図3-6）。

3.3.2　精緻化

　短期記憶のところで，電話番号を電話をかけるまでの時間だけ忘れないように，頭の中で反復することで記憶を維持しようとする例を紹介しました。このように短期記憶の中で維持時間を延ばすために機械的に反復することを**維持リハーサル**といいます。それに対して，短期記憶から長期記憶に送り込むために，意味づけや連想によって深い情報処理をすることで記憶に定着させることを**精緻化リハーサル**といいます（図3-7）。

　たとえば，海辺の一群の生物を覚えるときには，海辺のイメージを思い浮かべ，そこに一群の生物のイメージを並べながら覚えたり，自分自身が海に行ったときのことを思い出しながら覚えたりするのも精緻化の一種といえます。

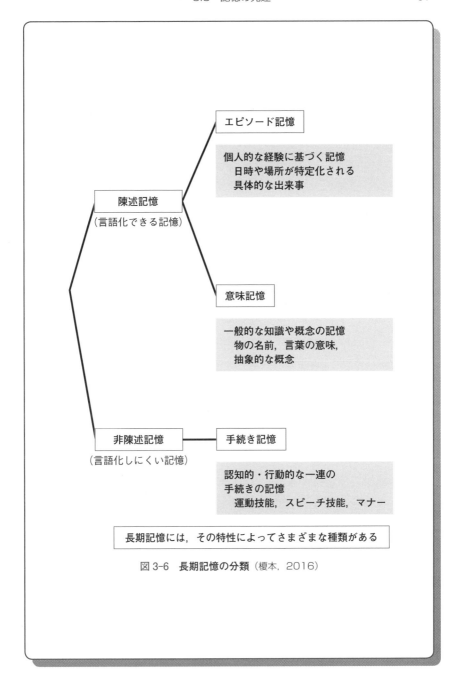

図 3-6 **長期記憶の分類** (榎本, 2016)

また，「なぜ？」「何のために？」を考えながら覚えるのも精緻化といえます。プレスリーたち（1987）は，「空腹の男が自動車に乗った」という文の中に含まれる単語の記憶実験において，「どうして男はそのようなことをしたのか？」を考えさせた場合のほうが成績が良くなることを報告しています。これは，まさに「なぜ？」「何のために？」と考えることによる精緻化の効果といえます。自分で考えて生み出した情報が付け加わることの効果という意味で，自己生成精緻化ともいいます。

　好き・嫌い，経験のある・なし，自分に当てはまるかどうかなど，自分自身と関連づけて考えながら覚えるのも精緻化といえます。ロジャーズたち（1977）は，単語を覚える実験において，その単語の文字の形や発音を単に反復することで覚えるよりも，意味を考えながら覚えるほうが成績が良いことを見出しています。さらに，その単語が自分に当てはまるかどうかを考えながら覚えるほうが，よりいっそう成績が良いことを見出しています。このように自分と関連づけることにより記憶しやすくなることを**自己関連づけの効果**といいます。豊田（1989，1997）は，単語を記憶する実験において，自分自身の経験と照らし合わせることで成績が良くなることを確認し，ウォレンたち（1985）が提唱した自伝的精緻化の効果を裏づけています。これも自己関連づけの一種といってよいでしょう。

3.3.3　ワーキングメモリ

　学習活動に大きな影響をもつものとしてワーキングメモリがあります。これは，記憶の分類としては短期記憶に該当しますが，短期記憶がもつ重要な機能に着目する際に用いられる概念です。つまり，**ワーキングメモリ**とは，何らかの認知課題を遂行中に必要となる記憶の働きを指す，機能的概念です（藤永，2013）。いわば，頭の中に情報を保持しながら何らかの課題遂行のために情報を処理する能力のことです。たとえば，作業の手順についての指示や注意事項を忘れて作業を行い，間違ったことをしてしまうような場合は，ワーキングメモリがうまく機能していないことが疑われます。

　ワーキングメモリは，国語や算数などの成績と関係することから，学習能力

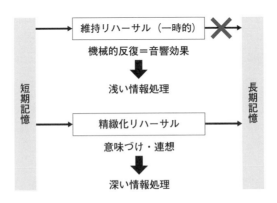

図 3-7　**維持リハーサルと精緻化リハーサル**（榎本，2016）

維持リハーサルでは情報は一時的に保持されるだけですが，精緻化リハーサルでは情報は長期記憶に転送され，長期にわたって保持されます。

の基礎となっているとみなすことができます（アロウェイとアロウェイ，2010；ケイン，2006；ケインたち，2004；ラグバーたち，2010；スワンソンとハウエル，2001）。たとえば，アロウェイたち（2009）は，5～11歳の子どもを対象とした調査に基づき，言語性ワーキングメモリの小さい子は学力も低いことを報告しています。

　ギャザコールとアロウェイ（2008）は，6～7歳の子どもを対象として，国語や算数の成績とワーキングメモリの関係を検討しています。そこでは，各教科の成績をもとにして子どもたちを下位，平均，上位の3つのグループに分け，それぞれの言語的短期記憶と言語性ワーキングメモリの平均得点を算出しています。その結果をみると，とくに言語性ワーキングメモリの得点において学課の成績が低いグループほど低く，高いグループほど高いといった関係が明らかにみられました（図3-8）。この場合の言語的短期記憶は順行の数列の記憶課題，言語性ワーキングメモリは逆行の数列の記憶課題で測定されたものを指します。順行の数列の記憶課題というのは「2，5，3」と言われたら，そのまま「2，5，3」と答える課題，逆行の数列の記憶課題というのは「2，5，3」と言われたら，逆の順にして「3，5，2」と答える課題です。

　湯澤たち（2013）は，小学1年生を対象とした調査により，ワーキングメモリの小さい子の授業態度には以下の①～③のような特徴がみられることを見出しています。

①積極的に挙手しない。
②課題や教材に対する教師の説明や他の子どもの発表をあまり聞かない。
③集中力が持続しない。

　このような授業態度になりがちな理由として，授業中の活動は複数の作業の組合せから構成されるために過剰な負荷がかかり，ワーキングメモリの小さい子にとってその負荷への対応が困難となることが考えられます（アロウェイたち，2009；水口・湯澤，2020；湯澤たち，2013）。

　ワーキングメモリの発達については，ギャザコールたち（2004）が4～15歳の幼児・児童・生徒の年齢に伴う発達的変化を調べています。そこでは，9種類のワーキングメモリ課題が用いられていますが，いずれにおいても年齢とと

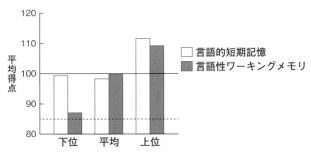

(1) 国語（＝英語）の学習到達度別に示した6，7歳児の言語的短期記憶と言語性ワーキングメモリ得点

横の直線は，この年齢の平均得点を示し，破線は85点を示します。

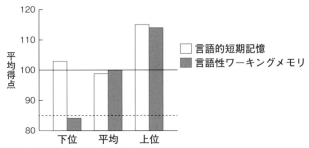

(2) 算数の学習到達度別に示した6，7歳児の言語的短期記憶と言語性ワーキングメモリ得点

横の直線は，この年齢の平均得点を示し，破線は85点を示します。

図3-8　成績別にみた言語的短期記憶と言語性ワーキングメモリ
（ギャザコールとアロウェイ，2008）

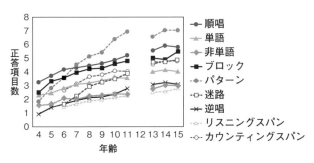

図3-9　さまざまなタイプのワーキングメモリ課題に対する正答項目数の年齢的変化
（コーワン，2016；湯澤，2019）

もに成績は上昇していくことが確認されました。その結果をコーワン（2016）がグラフ化したのが**図 3-9** です。

　コーワン（2016）は，このようなワーキングメモリの発達には以下の要因が関与しているといいます。

①知識の増加。

②適切な情報に選択的に注意を向け，不要な情報をワーキングメモリから排除する能力の発達。

③記憶項目をワーキングメモリに符号化する速さの発達。

④言語的項目だけでなく，視空間的項目をリハーサルによって記憶する能力の発達。

⑤個々のイメージを関連づけ，文脈として記憶する能力の発達。

　ワーキングメモリは年齢とともに発達していきますが，個人差も大きいので，とくに学業不振が目立つ児童・生徒に対しては，ワーキングメモリの容量の問題が関係していることも想定した対処が求められます（第 11 章の**表 11-1** 参照）。

知的能力の発達

4.1 知能のとらえ方

　知能とは，賢さとか頭の良さを意味する概念ですが，その定義は研究者によりさまざまです。このことは，知能というもののつかみどころのなさを示しています。頭の良い人，悪い人といったイメージにはある程度の共通点があるものの，それを正確に定義するのは難しいようです。さらには，いずれかの定義を採用したとしても，測定方法によって結果が違ってくるということもあります。そのような事情もあり，知能のとらえ方はさまざまに変遷してきました。

4.1.1 知能2因子説

　スピアマン（1904）は，各教科の成績に相関があることから，あらゆる教科の成績に共通して作用する一般的な能力因子があるとみなし，これを**一般知能因子**としました。それに対して，各教科ごとの成績に独自に作用する領域固有の能力因子があるとみなし，これを**特殊知能因子**としました。

　こうして，知的能力の全般的な水準を示す一般知能因子と各領域に固有な能力水準を示す特殊知能因子に分けて知能をとらえようとする**知能2因子説**が提唱されました。

4.1.2 知能多因子説

　このように一般知能因子を仮定する考え方に対して，知能は領域ごとに異なる能力群からなるとする考え方が出てきました。サーストン（1938）は，スピアマンが対象とした教科数よりもはるかに多くの課題ごとの成績について因子分析を行いました。その結果，空間，数，言語，記憶，推論，知覚，語の流暢さという7つの因子を抽出しました。

　こうして，一般知能因子を仮定せず，知能は領域固有の7つの因子からなるとする**知能多因子説**が提唱されました。

　知能2因子説と知能多因子説のイメージは**図4-1**のようになります。

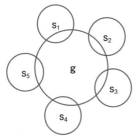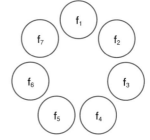

g：一般知能因子　　　　　　　　　f：各知能因子
s：特殊知能因子

（1）知能 2 因子説　　　　　　　　（2）知能多因子説

図 4-1　知能 2 因子説と知能多因子説のイメージ

4.1.3　流動性知能と結晶性知能

　キャッテル（1963）は，知能を流動性知能と結晶性知能に分けてとらえる考え方を提唱しました。**流動性知能**というのは，単純な記憶力や計算力など，作業のスピードや効率性が問われる課題の遂行に役立つ知能のことです。**結晶性知能**というのは，言語理解や経験的判断など，作業の質が問われる課題の遂行に役立つ知能のことです。

　流動性知能は，青年期にピークがあり，その後しだいに衰退していきます。一方，結晶性知能は，教育や文化の影響を強く受け，経験を積むことで成熟していくため，成人後も衰えることなく，むしろ年齢とともに上昇していきます。

　ホーンとドナルドソン（1980）によれば，意味のあるつながりのない単語のリストの単純な暗記のような課題に関しては，30歳の時点ですでに成績が下がり始めていました。それに対して，文書や人の話といった言語情報の理解や語彙の理解のような課題に関しては，少なくとも測定がなされた60歳まで成績が伸び続けていました。これには，実社会における有能さとしては，計算の速さや暗記力よりも，人生経験や仕事経験によって生み出される知恵を働かせることが重視されるということが関係していると考えられます（図4-2）。

　このような結果は，経験が知能の発達を促進することを示していると同時に，知能をどのようにとらえるかによって，知能の発達の様相も異なってくることを示しています。

4.1.4　多様な知能のとらえ方

　スタンバーグ（1997）は，頭が良いとはどういうことかについて再考し，人生で成功するための知能というものを提案しています。スタンバーグは，成功するための知能として，分析的知能，創造的知能，実践的知能の3つをあげています。分析的知能とは，問題を分析し，解決策を検討するために必要な能力で，一般に知能検査によって測定されているのはこの能力に相当します。創造的知能とは，新たな発想を得るために必要な能力です。実践的知能とは，現実社会で直面する実践的な問題を解決するために必要な能力です。これらの能力を身につけ，うまく活用できる人が人生で成功するというわけです。スタンバ

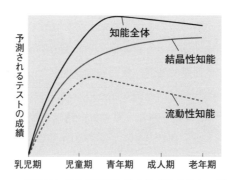

図 4-2　流動性知能と結晶性知能の発達的変化のモデル
（ホーン，1970 より一部改変；柏木，1996）

流動性知能……単純な記憶力や計算力など，作業のスピードや効率性が問われる
　　　課題の遂行に役立つ知能のこと。

結晶性知能……言語理解や経験的判断など，作業の質が問われる課題の遂行に役
　　　立つ知能のこと。

ーグの知能論は，従来の意味での知能の高い人物が必ずしも社会で成功している
わけではないことから，もっと実践的な能力も含めた知能論を提起したもの
といえます。

ガードナー（1999）は，知能について，「情報を処理する生物心理学的な潜
在能力であって，ある文化で価値のある問題を解決したり成果を創造したりす
るような，文化的な場面で活性化されることができるものである」と定義して
います。そして，知能とは，「見えるものではなくて，潜在能力，おそらく神
経的な潜在能力である」としています。

ガードナーは，これまで知能としてとらえられてこなかった領域の能力まで
範囲を広げ，多様な知能のとらえ方を提唱しています。ガードナーは当初，言
語的知能，論理数学的知能といった従来の知能論の射程に入っていた能力の他
に，音楽的知能，身体運動的知能，空間的知能などとくに芸術に関係するもの
を加え，さらに対人的知能，内省的知能といったガードナーが個人的知能と呼
ぶものも加えて，7つの知能からなる**多重知能理論**を提唱しました。

その後，ガードナーは，博物的知能と実存的知能を加え，9つの知能からな
る多重知能理論に修正しています（表4-1）。

東（1989）は，計算が速いとか暗記力が優れているといった，いわゆる流動
性知能中心の従来の知能観は，産業革命以後の欧米社会に適応するためのもの
なのではないかとし，知能というものは社会と深く結びついている概念であり，
文化を考慮する必要があるといいます。そして，「頭が良い」とはどういうこ
とかという知能観に関する調査の結果を踏まえて，日本人の知能観では社会性
がとくに重視されることを指摘しています。

知能が周囲から有能とみなされることと関係しているとするなら，日本のよ
うに人間関係が重視され，自己と他者が切り離されていない文化のもとでは，
社会性，言い換えれば対人的能力が知能の中核にすえられるのも当然とみなす
ことができます。このように考えると，知能をどうとらえるかは，今後さらに
探求すべき重要な問題といってよいでしょう。

表 4-1　ガードナーの多重知能理論

言語的知能……話し言葉と書き言葉への感受性，言語を学ぶ能力，目標を成
　　　　　　就するために言語を用いる能力など。

論理数学的知能……問題を論理的に分析したり，数学的な操作をしたり，問
　　　　　　　　題を科学的に究明したりする能力。

音楽的知能……音楽的パターンの演奏や作曲，鑑賞のスキルを伴う能力。

身体運動的知能……問題を解決したり何かを作り出したりするために，身体
　　　　　　　　全体や身体部位（手や口など）を使う能力。

空間的知能……広い空間のパターンを認識して操作する能力。

対人的知能……他人の意図や動機づけ，欲求を理解し，その結果として他人
　　　　　　とうまくやっていく能力。

内省的知能……自分自身の欲望や恐怖，能力も含めて，自分自身を理解し，
　　　　　　そうした情報を自分の生活を統制するために効果的に用いる
　　　　　　能力。

博物的知能……動植物など自分の環境に存在する多くの種を見分け，分類す
　　　　　　る能力。

実存的知能……宇宙の深奥に自らを位置づける能力であり，人生の意義，死
　　　　　　の意味，物理的・心理的な世界の究極の運命，人を愛したり
　　　　　　芸術作品に没頭したりといった深遠な経験など，人間的な条
　　　　　　件の実存的特徴との関係に自らを位置づける能力。

4.2　知能の測定

4.2.1　ビネー式知能検査

　学習を効果的に進めるために個人の知的な潜在能力をつかんでおきたいというのは，多くの教育者が思うことです。そこで，知能検査の開発が目指されることとなりました。知能検査に対しては，人の潜在能力など正確に測れるわけがないし，それは偏見につながるとして否定的な態度を示す教育者もいます。しかし，個性に応じた教育，効果的な教育のあり方を考える際に，知能の見当をつけておくことが参考になるという利点もあります。

　知能の測定の試みはいろいろありましたが，実用的な価値をもつ知能検査を最初に開発したのはビネーです。**ビネー式知能検査**では，理解や推理などの精神機能を測定する問題が難易度順に並べられており，どこまでできるかによって精神年齢を測定します。

　ビネーの知能検査はさまざまな点で改訂され，広く用いられるようになりました。日本でも，鈴木・ビネー知能検査や田中・ビネー知能検査などが開発されています。

　知能を教育目的で利用するには，年齢を考慮する必要があります。同じような能力水準にあり，精神年齢が同じであっても，年齢が異なれば，その測定結果のもつ意味も違ってきます。そこでターマンは，ビネーが考案した精神年齢をもとに知能指数という概念を導入し，それを算出する方法を考案しました（図4-3）。**知能指数（IQ）**は，以下のような式で算出されます。

$$知能指数（IQ）=\frac{精神年齢}{生活年齢（暦年齢）}×100$$

　これによりIQというものが広く知られることになりました。この式で算出されたIQが100であれば平均的な知能，100を下回れば平均より低い知能，100を上回れば平均より高い知能ということになります。

　ただし，精神年齢を生活年齢で割ってIQを算出する方式だと，年齢が上がるに従って分母がどんどん大きくなるため，年齢相応の能力を身につけ，とくに問題がなくても，IQがしだいに低下してしまうことになります。そこで，

$$知能指数(IQ)＝\frac{精神年齢}{生活年齢(暦年齢)}×100$$

　IQ が 100 であれば年齢相応の知能，100 を上回れば平均より高い知能，下回れば平均より低い知能を意味する。

　年齢が増すと，分母が大きくなるため，精神年齢が同じ（知能の能力水準が同じ）であっても IQ は低下する。それは能力が低下したことを意味するわけではないことに注意する必要がある。

図 4-3　知能指数（IQ）

その後，各年齢集団の平均と標準偏差をもとにIQを算出するようになりました。これを**偏差知能指数**といいます。たとえば，田中・ビネー知能検査では，13歳までは従来の算出方法を用いますが，14歳以上では偏差知能指数を算出するようになってきました。また，記憶や推理など領域ごとの偏差知能指数も算出できるようになっています。

4.2.2　ウェクスラー式知能検査

　ビネー式知能検査が精神年齢を生活年齢で割ってIQを算出するのに対して，ウェクスラーが開発した知能検査では，偏差知能指数を算出します。また，ビネー式知能検査が全体としての知能水準を測定するのに対して，ウェクスラー式知能検査は下位検査に分かれており，領域ごとの知能水準を測定することで，個人の知能の特徴を領域ごとに分析的に検討することができます。領域を大きくくくると言語領域と動作領域に分かれ，言語性知能と動作性知能が算出されます。また，それぞれの下位検査のプロフィールから個人の知能の特徴を知ることもできます（表4-2）。

　ただし，その後，言語性知能と動作性知能という指標は廃止され，WAIS-Ⅳでは，全体の得点である全検査IQの他，言語理解指標（類似，単語，知識の下位検査からなる），知覚推理指標（積木模様，行列推理，パズルの下位検査からなる），ワーキングメモリ指標（数唱，算数の下位検査からなる），処理速度指標（記号探し，符号の下位検査からなる）という4つの領域ごとの指標を算出するようになっています。

　ウェクスラーは，成人用知能検査（WAIS）の他に，児童用知能検査（WISC）や幼児用知能検査（WPPSI）も開発しています。児童用のWISC-Ⅳでは，全体の得点である全検査IQの他，言語理解指標（類似，単語，理解の下位検査からなる），知覚推理指標（積木模様，絵の概念，行列推理の下位検査からなる），ワーキングメモリ指標（数唱，語音整列の下位検査からなる），処理速度指標（符号，記号探しの下位検査からなる）という4つの領域ごとの指標を算出するようになっています。

表 4-2　ビネー式知能検査とウェクスラー式知能検査

ビネー式知能検査……全体としての知能水準を測定。

ウェクスラー式知能検査……領域ごとの知能水準を測定。
　成人用（WAIS）
　　全検査 IQ
　　言語理解指標：類似，単語，知識の下位検査からなる。
　　知覚推理指標：積木模様，行列推理，パズルの下位検査からなる。
　　ワーキングメモリ指標：数唱，算数の下位検査からなる。
　　処理速度指標：記号探し，符号の下位検査からなる。
　児童用（WISC）
　　全検査 IQ
　　言語理解指標：類似，単語，理解の下位検査からなる。
　　知覚推理指標：積木模様，絵の概念，行列推理の下位検査からなる。
　　ワーキングメモリ指標：数唱，語音整列の下位検査からなる。
　　処理速度指標：符号，記号探しの下位検査からなる。

4.3　学業成績に影響する認知スタイル・学習スタイル

4.3.1　認知スタイルとしての熟慮型・衝動型

　知能以外で学業成績に関連する要因として，認知スタイルの一つである熟慮性・衝動性があります。じっくり考えて，注意深く反応する認知スタイルを身につけている場合，**熟慮型**とみなします。それに対して，あまりよく考えずに衝動的に反応する認知スタイルを身につけている場合，**衝動型**とみなします。何らかの課題に取り組む際に，熟慮型は間違いが少ないものの時間がかかり，衝動型はすばやくできるものの間違いが多いといった特徴を示します。

　熟慮型か衝動型かを判定する課題としてよく用いられるものに **MFF 課題**があります。これは，刺激図形と同じものを 6 つの選択肢から目で見て選ぶものです（図 4-4）。

　日本とアメリカの 5 歳児に MFF 課題に取り組ませた調査データによると，アメリカの子どもよりも日本の子どものほうがじっくりと時間をかけて慎重に判断する傾向があり，熟慮的であるという結果が得られました。さらには，日本では，5 歳の時点における認知スタイル（MFF 課題の成績）と，小学 5・6 年生の学業成績（算数と国語の成績）の相関が高い（$r=.55$）のに対して，アメリカでは非常に低く（$r=.17$）なっていました。つまり，アメリカでは熟慮的であることが将来の学業成績に関係しないのに対して，日本では熟慮的であることが将来の学業成績の良さにつながっていたのです（東，1989）。

　このように日本では熟慮的であることが学業成績の良さにつながり，アメリカではそうでないとすると，文化によって学習を促進する方法が異なると考えられます。授業中に衝動的に発言する傾向が強いアメリカと，熟慮して慎重に発言する傾向が強い日本とでは，効果的な学習支援の仕方も違って当然といってよいでしょう。

4.3.2　文化・個人によって異なる適した学習スタイル

　学業成績に影響する要因として，学習スタイルもあります。ダンとダン（1978）は，人によって学習条件の好みが違っていることを指摘し，**学習スタ**

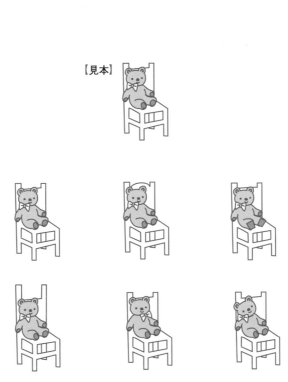

【見本】

図4-4　**MFF 課題の例**（ケイガンたち，1964；多鹿，2018）

ちょっと見ると似たような図ですが，じっくり検討すれば，ぬいぐるみのクマが座っている椅子の形，クマの足の裏，首の傾き，リボンの位置などから，見本と同じ図を1つに絞り込むことができます。

イルという概念を提唱しました。

　これは，学習支援を考える際に，非常に重要な視点です。たとえば，静かな場所でないと落ち着いて勉強に取り組めない子もいれば，そうした環境条件にあまり左右されない子もいます。友だちと一緒に勉強するほうが能率が上がる子もいれば，一人で勉強するほうが能率が上がる子もいます。親や先生など人から勉強するように言われたほうがやる気になれる子もいれば，人から言われるとやる気がなくなる子もいます（表4-3）。

　そこで気になるのは，アクティブラーニングが重要だといって，何でもグループで話し合わせたり，グループで作業させたり，みんなの前で発表させたりするのが望ましいとする最近の風潮です。知能や認知スタイルを考える際には文化差を考慮する必要があることは指摘しましたが，そうしたことから当然文化によって適した学習スタイルは異なるはずです。

　たとえば，衝動的な認知スタイル傾向の強いアメリカの子どもの場合はグループ活動のほうが飽きがこなくてよいかもしれませんが，熟慮的な認知スタイル傾向の強い日本の子どもの場合は一人でじっくり考える沈思黙考型の学びのほうが向いているということがあるかもしれません。また，自己主張が強く求められるアメリカ社会を生き抜くにはディベートで相手を打ち負かす討論型の学習スタイルが必須かもしれませんが，協調性が強く求められる日本ではそのような学習スタイルを取り入れる必然性が見当たらないということもあります。むしろ，人の話を傾聴し，相手の言いたいことや気持ちをくみとる読解力を磨くような学習スタイルが求められるのかもしれません。

　授業や学習の個別指導を行う際には，こうした学習スタイルの向き・不向きを考慮する必要があるでしょう。

4.4　学業成績に影響する実行機能

4.4.1　自分自身を制御する力

　潜在的な学習能力をみるものとして知能指数がありますが，それだけで学力を予測できるわけではありません。知能のわりに学業成績が悪いアンダーアチ

表 4-3　適した学習スタイルの個人差

静かな場所でないと落ち着いて勉強に取り組めない子
そうした環境条件にあまり左右されない子

友だちと一緒に勉強するほうが能率が上がる子
一人で勉強するほうが能率が上がる子

親や先生など人から勉強するように言われたほうがやる気になれる子
人から言われるとやる気がなくなる子

勉強のやり方を親や先生から教わるのが好きな子
勉強のやり方を自分で考えて工夫するのが好きな子

疑問点はすぐに先生に確認しないと落ち着かない子
疑問点は自分で調べたりして解決しないと納得できない子

ーバーがいるものですが，それには前節で取り上げた認知スタイルや学習スタイルにふさわしい学びができているかどうかという問題もあります。さらには，能力の開発や発揮に向けて集中力を高めたり，目標に向けて雑念を振り払ったりすることができるかどうかも問題となります。

　そこで注目すべきは，自分自身を制御する力としての実行機能です。**実行機能**とは，目標に向けて自分の思考や感情や行動を制御する能力のことです（アルディラ，2008；三宅たち，2000；森口，2019）。このような意味での実行機能が学業成績と関係することは，近年になって多くの研究によって実証されています（ベストたち，2011；柳岡，2019）。そして，就学前に測定された実行機能の傾向が，就学後の学業成績と強い関連をもつことも明らかになっています（ギャザコールとピッカリング，2000；ポニッツたち，2009）。

　実行機能の中でも，とくに中心的な役割を担うとみなされているのが抑制能力です。研究者の間では，学業成績の基盤となるものとして知能が注目されることはあっても，抑制能力が注目されることはあまりありませんでした。しかし，教育現場に身を置く人たちや養育者は，日常の生活場面において抑制能力の重要性を痛感しているはずです。

　たとえば，試験で良い成績をとるためには，予習をする必要があることはわかっているのに，友だちから誘われると遊びに行ってしまったり，テレビで好きなサッカーの試合を見てしまったりしていると，試験で良い成績をとるのは難しいでしょう。そうした誘惑を排除するのが抑制能力です。

　1,000人の子どもを対象に，生まれたときから32年間にわたって追跡調査した研究データからも，子ども時代の自己制御力が将来の健康や富を促進し犯罪を抑制する力をもつことが実証されています。すなわち，我慢する力，衝動を抑制する力，必要に応じて感情表現を抑制する力など，抑制面の自己制御力が高いほど，大人になってから健康度が高く，収入も多く，犯罪を犯すことが少ないことがわかりました（モフィットたち，2011；表4-4）。

4.4.2　実行機能の発達

　このような実行機能については，幼児期および児童期に急激に発達すること

表 4-4　学業成績を左右する実行機能

実行機能＝目標に向けて自分の思考や感情や行動を制御する能力

とくに重要なのが抑制能力

抑制面の自己制御力
我慢する力
衝動を抑制する力
必要に応じて感情表現を抑制する力　など
こうした自己抑制力が高いほど，大人になってから，
健康度が高い
収入が多い
犯罪に手を染めることが少ない

がわかっています（カールソン，2005；クラッグ，2016；クラッグとネーション，2008；ギャロンたち，2008；池田，2019；柳岡，2019）。

　子どもの実行機能の測定法としてよく知られているのが**マシュマロ・テスト**です。これは，マシュマロを目の前に出し，研究者が戻ってくるまで待てれば2つあげるが，すぐに食べる場合は1つしかもらえないと告げ，待てるかどうかを試すものです。

　考案者のミシェル（2014）は，「先延ばしされたものの，より価値のある報酬のために，未就学児が自らに課した，即時の欲求充足の先延ばしパラダイム」であるとしています。

　ミシェルの追跡調査によれば，マシュマロ・テストで欲求充足を長く先延ばしできた未就学児は，およそ10年後には，欲求不満を覚えるような状況において，他の人たちより強い自制心を示す青年になっていました。彼らは，誘惑に負けにくく，集中が必要なときには気が散りにくく，ストレスにさらされてもあまり取り乱さず，慌てたり混乱したりせず，また目標に向かって計画的に行動することができる，といった傾向を示しました。

　そして，彼らは，成人後の25〜30歳では，長期的目標の追求やその達成が得意で，危険な薬物はあまり使わず，高い教育水準に到達し，肥満指数が非常に低いといった傾向を示しました。

　実行機能の一つの要素である切替力についても，幼児期，児童期，青年期と一貫して発達し続けることが示されています（森口，2019；ゼラゾたち，2013）。この場合の切替力というのは，たとえば課題のルールが変わったときに，以前に取り組んだ課題のルールから新たなルールに頭を柔軟に切り替える力を指します。

　また，衝動や欲求を抑制しつつうまく制御することは，勉強でもスポーツでも人間関係でも大事なことですが，先にも述べたように，これも実行機能の一つの要素です。このような衝動や欲求の制御力については，幼児期から児童期に著しく発達していくことが示されています（森口，2019；スティーランドたち，2012）。

自己意識の発達

5.1 自己概念の形成と発達

5.1.1 幼児期の自己概念

　ケイガン（1981）は，子どもが2歳になる頃に自己叙述的な発言が増加することを見出しました。自己叙述的な発言としては，「私は遊ぶ」「私はくつひもを結ぶことができる」といった行動的叙述や，「私の髪は赤い」「私は大きな自転車をもっている」といった身体的・物質的叙述が目立ちます。日本語では主語を省くことが多いですが，いずれにしてもそのような自己叙述的発言をするからには，自己の主体性を意識すると同時に，自己の行動的側面や身体的側面，所有物などを認識していることが前提となります。ゆえに，2歳くらいから**自己概念**が形をとり始めているといえそうです。

　ケラーたち（1978）は，3〜5歳の子どもに自由記述法や文章完成法（いずれも口述で実施）を用いて「自分」の内容を答えさせ，その回答を9つのカテゴリーに整理しています（表5-1）。どの年齢段階においても行動のカテゴリーに分類される回答が圧倒的に多く，就学前の幼児の自己概念としては，行動的側面が最も中心的な位置を占めることがわかりました。

　唐沢・柏木（1985）は，4〜6歳の幼児を対象に，文章完成法を応用した補助質問紙や二択法などを用いて自己認知をとらえようと試みています。その結果，4歳児では自己についての行動的記述の比率が身体的記述の比率よりもはるかに高く，年長になるほど身体的記述の比率が高まり，6歳児では身体的記述の比率のほうがはるかに高くなっていました。

　こうしてみると，幼児期における自己概念としては，行動的自己概念と身体的自己概念が中心的位置を占めるといえそうです。

5.1.2 児童期の自己概念

　ブロートン（1978）は，「自分とは何か？」という質問に対する自由記述の回答をもとに，自己概念の発達を検討しています。それによれば，幼児期から児童前期には自己は身体の一部とみなされ，自己概念は身体的側面と結びついています。この時期の子どもたちは，身体的自己概念をもち，身体的外見をも

表 5-1　**幼児による「自分」の内容のカテゴリー**（ケラーたち，1978 より作成）

①**行動**：習慣的なもの（座ってテレビを見ます，幼稚園に行きます），能力的なもの（髪を自分で洗います），援助的・従順的なもの（お母さんのお手伝いをします）に下位分類された。

②**関係**：大人（すてきなお父さんとお母さんがいます）と仲間（弟がいます，良い友だちがいます）に下位分類された。

③**身体イメージ**（〜色の目です）

④**持ち物**（人形をもっています，犬を飼っています）

⑤**個人的ラベル**（人間です，〜という名前です）

⑥**性別**（男の子です）

⑦**年齢**（3 歳です）

⑧**評価**（とても良い子です）

⑨**個人的特徴や好み**（幼稚園が好きです）

とに自分と他者を区別することが多いようです。8 歳くらいになると，思考内容やイメージといった精神的内容についての原初的な観念をもつようになり，それは他者の精神的内容と取替えのきかない独自なものという認識をもつようになります。この段階になると，見かけや持ち物だけでなく，思考や感情といった内的な性質によって自分と他者の区別が行われます。

このように，児童前期には自己を身体的側面からとらえることが多いのに対して，児童中期くらいからは内面的自己概念が形をとり始め，心理的な側面から自己をとらえることができるようになります。

リブスリーとブロムリー（1973）も，8 歳に満たない子どもたちは所有物や外見など目に見える属性による自己描写を行い，8 歳以降の子どもたちは価値観や性格など目に見えない属性による自己描写を行うことを見出しています（ローゼンバーグ，1986）。

5.1.3　青年期の自己概念

モンテメイヤーとエイセン（1977）は，4〜12 年生（およそ 9〜18 歳）の子どもたちを対象に，「私はだれですか？（Who am I ?）」という問に 20 回答えさせ（20 答法），その回答を 30 のカテゴリーに分類しています。その結果，年齢とともに，居住地，持ち物，身体的特徴などの客観的・外面的特徴による自己叙述が減少し，職業的役割，実存的な個性化の意識，思想・信念，自己決定の感覚，個としての統一性の感覚，対人関係のとり方，心理的特徴など主として主観的・内面的な特徴による自己叙述が増加することが明らかになりました（自己叙述の例は**コラム 5-1** 参照）。

遠藤（1981）も，小学 5 年生，中学 1 年生および 3 年生を対象に同様の 20 答法を実施し，自分の身体的特徴や能力（うまい・へた，得意・苦手），好き・嫌いについての記述は年齢の上昇とともに減少するのに対して，自分の性格・気質や自己評価についての記述は増加していき，中学 3 年生では性格・気質についての自己叙述が圧倒的に多くなることを報告しています。その後に行われた同様の研究においても，同じような傾向が確認されています。

コラム 5-1　青年期の自己概念の発達がうかがわれる自己叙述の事例

9歳男子

「僕の名前はブルース。目は茶色で，髪も茶色。眉毛も茶色です。僕は9歳です。スポーツが大好きです。家族は7人います。視力はとってもいいです。たくさんの友だちがいます。僕はパインクレスト通りの1923番地に住んでいます。9月に10歳になります。僕は男の子です。身長が7フィート近くあるおじさんがいます。僕の学校の名前はパインクレストです。僕の先生はVという女の先生です。僕はホッケーをします。僕はクラスでもっとも頭のいい子の部類にはいります。僕は食べ物が大好きです。僕は新鮮な空気が好きです。僕は学校が大好きです。」

このように，9歳の子どもの自己叙述は，性別，年齢，名前，居住地，好み，そして身長的外見が用いられており，とても具象的である。

11歳女子

「私の名前はAです。私は人間です。私は女の子です。私は正直な人間です。私はかわいくありません。勉強のほうはまずまずの成績です。私はとても上手なチェロ奏者です。ピアノもとっても上手です。私は年齢のわりにはやや背が高いほうです。好きな男の子は何人かいます。好きな女の子も何人かいます。私は保守的です。私はテニスをします。水泳はとても得意です。私は人の役に立てるように心がけています。だれとでも友だちになろうと心がけています。たいてい機嫌はよいのですがかんしゃくを起こすこともあります。何人かの女の子や男の子からあまり好かれていません。男の子たちから好かれているかどうかはよくわかりません。」

ここでも自分の好みにしばしばふれているが，自分の対人関係的特徴や性格的特徴も強調している。

17歳女子

「私は人間です。女の子です。私は単一の個体です。私は自分がいったいだれであるかは知りません。私は魚座の生まれです。私は気むずかしい人間です。私は優柔不断な人間です。私は野心家です。私はとても好奇心の強い人間です。私は独立した個人ではありません。私は孤独な人間です。私はアメリカ人です。私は民主主義者です。私は進歩主義者です。私は急進的な人間です。私は保守主義者です。私はえせ進歩主義者です。私は無神論者です。私は分類しやすい人間ではありません。」

ここでは性格的特徴や思想的特徴といった自己の内面的な側面が中心となっており，とくに主義や信念の記述が多くの部分を占めている。

（モンテメイヤーとエイセン，1977より）

5.2　学業的自己概念

5.2.1　学業的自己概念の多面的把握

　自己概念の中の学業能力や学業成績にかかわる部分が**学業的自己概念**です。ミカエルとスミス（1976）は，学校生活に密接に関連した自己概念を測定するための自己概念尺度（DOSC）を作成しました。小学生用，中学生用，高校生用の3種類を作成し，それぞれの対象に実施したところ，仮説通り5つの因子が抽出されました（**表5-2**）。その後，ミカエルたち（1984）は，大学生用も作成し，同じく5因子構造を確認しています。

5.2.2　科目別自己概念

　シャベルソンたち（1976）の自己概念の多面的階層モデル（シャベルソン・モデル）では，学業的自己概念は，社会的自己概念，情動的自己概念，身体的自己概念と並んで，包括的自己概念の下位概念に位置づけられています。そして，学業的自己概念は，英語，歴史，数学，科学といった科目ごとの自己概念を統合する上位概念になっています（**図5-1（a）**）。学校段階によって学ぶ科目が異なるため，**科目別自己概念**の数も名称も学校段階によって違ってきます。

　その後，英語に関する自己概念と数学に関する自己概念の間にまったく相関がないことが明らかとなり，統一的な学業的自己概念の存在に疑問が突きつけられることになりました。改訂されたマーシュ・シャベルソン・モデル（マーシュとシャベルソン，1985；マーシュたち，1988）では，言語系科目の自己概念は言語的自己概念に，数学系科目の自己概念は数理的自己概念に統合されました（**図5-1（b）**）。

5.3　学業的自己概念と学業成績の関係

5.3.1　自己高揚モデルとスキル発達モデル

　キャルシンとケニー（1977）は，自己概念と成績の関係について，2つのモデルを対比させています。一つは**自己高揚モデル**で，学業的自己概念を学業成

表5-2 学校生活に関連した自己概念尺度（DOSC）の5因子

①意欲
　項目例：学校の勉強では最大限の力を発揮しようとしている（小学生用）
　　　　　受講しているすべての授業でもっとも優秀な学生の一人になろう
　　　　　とがんばっている（大学生用）

②不安
　項目例：教室で先生から名前を呼ばれるとドキッとする（中学生用）
　　　　　授業でどれだけうまくできるかを考えるととても心配になる（大
　　　　　学生用）

③学業への関心や満足度
　項目例：学校で新しい課題に取り組むのをいつも楽しみにしている（高校
　　　　　生用）
　　　　　教室での課題に取り組むのが楽しい（大学生用）

④リーダーシップや主導権
　項目例：教室などでみんなの前に出て話すのが楽しい（中学生用）
　　　　　授業で学んでいることがらについて教授から意見を求められるの
　　　　　がうれしい（大学生用）

⑤同一化対疎外
　項目例：先生から好かれたいという思いが強い（小学生用）
　　　　　教授は学生たちのことを気にかけてくれる（大学生用）

績の主要な決定因とみなすものです。これに基づけば，学業的自己概念を高める
こと（たとえば，自分は数学が得意だといった自己概念をもたせること）が
学業成績の向上につながることになります。もう一つは**スキル発達モデル**で，
学業的自己概念は学業成績の結果として形成されるとみなすものです。これに
基づけば，学業的スキルを発達させて学業成績を向上させることが学業的自己
概念の向上につながるということになります（図5-2）。

　キャルシンとケニーは，中学2年時から高校3年時の5年分の縦断的データ
を分析しています。その結果，学業成績から学業的自己概念への影響のほうが，
逆方向の影響よりも強いことが確認されました。ウエストたち（1980）も，多
くの研究がスキル発達モデルを支持していることを指摘しています。ただし，
シャベルソンとボーラス（1982）は，中学生を対象とした，6カ月の間隔を置
いた縦断的データをもとに，自己高揚モデルの妥当性を支持する結果を得てい
ます。マーシュ（1987）やソンとハッティ（1984）も，学業的自己概念が学業
成績に強く影響することを確認しています。

　その後に行われた縦断研究をみても，一貫した結果は得られていません。こ
れには，学業的自己概念と学業成績の間に双方向の影響関係があるためと考え
られます。実際，「自分は歴史の勉強に向いている」「歴史の勉強が得意だ」と
いった自己概念をもてれば，歴史の勉強にも身が入り，良い成績につながるで
しょうし，逆に，歴史の成績が良ければ，「自分は歴史の勉強に向いている」
「歴史の勉強が得意だ」といった自己概念をもてるようになるはずです。

5.3.2 「小さな池の大きな魚」効果

　学業的自己概念は個人の学業成績（学業成績は，一般に個々の学校内での位
置づけをあらわす）と正の相関関係にあるのに対して，学校の平均的成績（学
校のレベル）とは負の相関関係にあるとして，マーシュ（1987）は**小さな池の
大きな魚効果**という概念を提唱しました。

　たとえば，同じ学力の児童・生徒であっても，よくできる児童・生徒ばかり
の学校にいると，優秀な児童・生徒たちとの比較のために否定的な学業的自己
概念を形成し，あまりできない児童・生徒ばかりの学校にいると，レベルの低

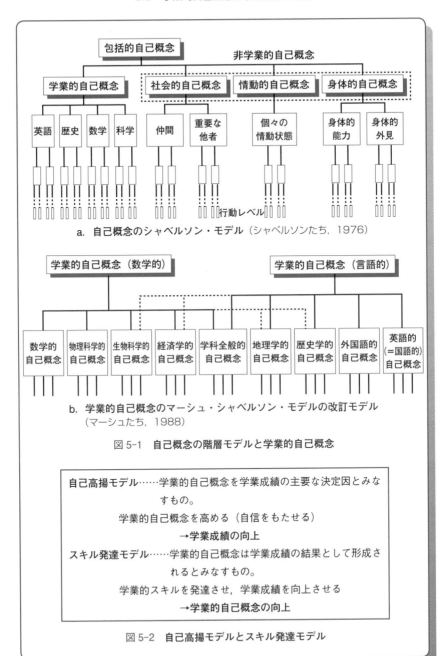

a. 自己概念のシャベルソン・モデル（シャベルソンたち，1976）

b. 学業的自己概念のマーシュ・シャベルソン・モデルの改訂モデル
（マーシュたち，1988）

図 5-1　自己概念の階層モデルと学業的自己概念

自己高揚モデル……学業的自己概念を学業成績の主要な決定因とみな
すもの。
学業的自己概念を高める（自信をもたせる）
→学業成績の向上
スキル発達モデル……学業的自己概念は学業成績の結果として形成さ
れるとみなすもの。
学業的スキルを発達させ，学業成績を向上させる
→学業的自己概念の向上

図 5-2　自己高揚モデルとスキル発達モデル

い児童・生徒たちとの比較のために肯定的な学業的自己概念を形成しやすいと考えられます。

　バックマンとオマリー（1986）は，このマーシュの概念を支持する結果を得ています。つまり，個人の能力を一定に保った場合，学校の平均的学力（学校のレベル）と個人の学業的自己概念の間に負の相関を見出しています。

　マーシュは，小さな池の大きな魚効果は，小学校レベルにおいて起こりやすいとしています。それには，標準化された試験によって全国的な広い枠組みでの位置づけを日常的にフィードバックされることが多い高校生などと違って，小学校ではクラスの仲間など身近な枠組みでの比較を意識することが多いという事情が関係しています。

　本人の学力と比べて非常にレベルの高い学校に進学するのと，本人の学力で成績上位を保てそうな学校に進学するのと，将来の学力の向上にとってどちらがよいかを検討する際に，このような効果を考慮する必要もありそうです。

5.4　現実自己と可能自己

5.4.1　可能自己の諸相

　一般に自己概念というと**現実自己**，つまり今ここにある自己の認知像を指しますが，過去の自己やまだ実現していない未来の自己についての認知像を思い浮かべることもあります。中でも**理想自己**のような未来の自己像は，自己を磨き，理想に向けて頑張ろうという動機づけの意味ももちます。

　マーカスとニューリアス（1986）は，現実に今ここにある自己以外の自己のことを**可能自己**と呼びました。可能自己とは，なるだろう自己，なりたい自己，なることを恐れている自己などで，自己についての認知と動機づけをつなぐものとみなされます（図5-3）。それは，成功している自己，創造的な自己，裕福な自己，細身の自己，愛されている自己，賞賛されている自己のように，そうなりたいと望まれている自己であったり，一人ぼっちの自己，憂うつな自己，無能な自己，アルコール依存症の自己，失業した自己，浮浪者の自己のように，そうなることを恐れられている自己であったりします。つまり，可能自己とは，

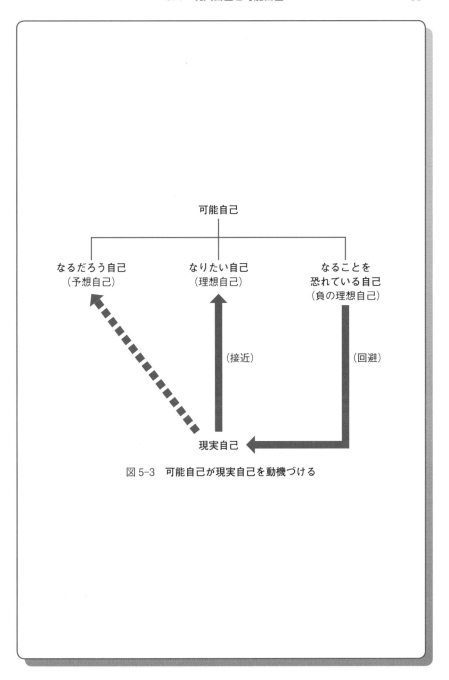

図 5-3　**可能自己が現実自己を動機づける**

自己についての希望，目標，野心，空想，心配，脅威などの認知的な表明であり，動機づけられた自己概念であるといえます。

5.4.2　現実自己と理想自己のズレの意味するもの

現実自己と理想自己のズレは小さいほうが好ましいとし，そのズレの大きさを不適応の徴候とみなすこともあります。たとえば，柳井（1977）は，大学生を対象にした調査により，現実自己と理想自己のズレの大きい者のほうが，抑うつ性や気分の変化，劣等感，神経質の得点が高く，活動性や社会的外向性が低いなど，不適応傾向を示すことを報告しています。

たしかに理想自己とかけ離れた現実の自己を実感して強く自己嫌悪し，ひどく落ち込むこともあるかもしれません。それによって一時的に不適応状態に陥ることもあるでしょう。それが常態化したら問題でしょうが，多くの場合はすぐに立ち直るものです。

理想自己と比べてはるかに及ばない現実自己に対して感じる不満は，むしろ成長のバネになります。理想自己とのギャップを少しでも埋めようと努力することが自己形成そのものであり，現実自己の成長をもたらします。その意味では，理想自己と現実自己のズレによって感じる自己嫌悪は向上心のあらわれということもできるでしょう（図5-4）。

現実自己が成長すれば，理想自己はさらに理想的な位置に掲げられることになるので，現実自己と理想自己のズレは常にあるものです。ゆえに，現実自己と理想自己のズレは常にあって当然であり，このズレがほとんどなく，自己嫌悪を感じることもないとしたら，そのほうが無気力で不健康とみなすべきかもしれません。

カッツとザイグラー（1967）は，小学5年生では現実自己—理想自己のズレとIQとの間に何の関係もないが，より年長になると同じ学年でもIQの高い者のほうがズレが大きいことを見出しています（表5-3）。ここからも，現実自己と理想自己のズレは，理想を掲げて自分を批判的に見つめられるように心が成熟したことのあらわれとみなすことができます。

したがって，現実自己と理想自己のズレが大きい場合，ただちに不適応の徴

図 5-4　理想自己と現実自己のズレが意味するもの

表 5-3　理想自己―現実自己のズレと IQ の関係
（カッツとザイグラー，1967 より改変）

	N	得点		現実自己と理想自己のズレ
		現実自己	理想自己	
5 年生				
低 IQ	20	57.4	46.4	11.0
高 IQ	20	51.2	40.0	11.2
8 年生				
低 IQ	20	61.6	46.2	15.4
高 IQ	20	60.4	31.6	28.8
11 年生				
低 IQ	20	67.4	38.4	19.0
高 IQ	20	60.8	33.9	26.9

候とみなすことはせずに，個々の事例をじっくり検討し，慎重に判断すべきで
しょう。

5.5 自尊感情

5.5.1 基本的欲求としての自尊感情の追求

　自分自身を肯定的に評価したい，それによって自尊心を保ちたいというのは，
人間の基本的欲求の一つといえます。欲求の階層説を唱えたマズロー（1954）
も，承認と自尊の欲求を人間のもつ基本的欲求の最上位に位置づけています。
承認と自尊の欲求というのは，人から認められたい，そして自尊心をもてるよ
うになりたいという欲求のことです。

　自分自身を肯定的に評価する気持ちのことを**自尊感情**，自尊心，自己肯定感
などといいます。自尊感情というのは，アメリカで重視されてきたセルフ・エ
スティームの翻訳語として心理学の世界では広く用いられていますが，日常語
としては自尊心がよく使われます。最近では，自己肯定感という用語も使われ
るようになっています。

　自己概念，自己評価，自尊感情といった用語は，しばしば区別せずに用いら
れたりしますが，厳密に区別するなら，自己に関する記述的側面が自己概念，
そのような記述的側面に対して評価的色彩を帯びたものが自己評価と自尊感情
です。そして，自己評価は自己概念の個々の側面に対する具体的な評価であり，
自尊感情は多くの自己評価的経験の積み重ねを通して形成された，自分全体に
ついての評価的な感情です（榎本，1998；図5-5）。

5.5.2 受容される体験の大切さ

　自尊感情の形成には，両親との関係や友人との関係，あるいは教師との関係
が大いに影響します。

　最も基本となるのは親子関係で，幼い頃からの親子の愛着関係が自尊感情を
大きく左右します（ブレナンとモリス，1997；ブリたち，1992；マコーミック
とケネディ，1994）。親から受容される経験が自尊感情を培うといってよいで

自分自身を肯定的に評価する気持ち
　　┗━➤ 自尊感情，自尊心，自己肯定感など

自己概念……自己に関する記述的側面。
自己評価……自己概念の個々の側面に対する具体的な評価。
自尊感情……多くの自己評価的経験の積み重ねを通して形成された，
　　　　　　　自分全体についての評価的な感情。
　親や友だちから受容されるかどうかが自尊感情を大きく左右する。

図 5-5　**自己概念とそれに対する評価および評価的感情**

しょう。

　幼児期以降は，仲間関係が子どもにとって重大な関心事になるため，友だち
と好意的な関係をもてるかどうかが重要な意味をもちます。実際，肯定的で安
定した友だち関係をもつことが自尊感情を高めることが示されています（コー
ツ，1985；デュバウとウルマン，1989；マクガイアとワイツ，1982；タウンセ
ンドたち，1988）。

　両親との愛着関係のほうが友だちとの愛着関係よりも自尊感情との関係が強
いことが一貫して示されていますが（アームスデンとグリーンバーグ，1987；
グリーンバーグたち，1983；パターソンたち，1995），社会的能力や親密な関
係形成能力の発達にとっては友だちとの情緒的関係が非常に重要であるといえ
ます（レンパーズとクラーク-レンパーズ，1992）。

　児童期以降は，学校が昼間の主な生活の場となり，その比重がしだいに増し
ていくため，学校生活に適応できるかどうかが自尊感情を大きく規定すると考
えられます。その意味でも，友だち関係の影響力は大きく，友だち関係や学業
に関して自信をもてるようにサポートする教師の役割が非常に大きいといえま
す。友だちとの間に受容的関係を築ければよいのですが，それが難しい場合は，
まずは教師に受容され，それを支えとして友だちとの間に受容的関係を築く方
向に歩み出すことが望まれます。

5.6　アイデンティティの発達

5.6.1　アイデンティティの探求とアイデンティティ拡散

　エリクソン（1959）は，人生を８つの発達段階に分け，各段階ごとに達成す
べき課題を設定しています（第２章図 2-9 参照）。それによれば，青年期の課
題としてアイデンティティ（同一性）の確立があげられています。

　青年期になると自己意識が高まり，「自分は何者か」という問いをめぐって
真剣な自己探求が始まります（コラム 5-2）。そうした自己探求の中で，自分
はいったい何をしたいのか，自分は何をすることを求められているのか，どう
生きるのが自分にふさわしいのかを検討し，「自分はこういう人間である」と

コラム5-2　アイデンティティをめぐる問い

「自分って何だろう」

「自分は何のために生まれてきたのだろう」

「自分はどこから来て，どこに向かっているのだろう」

　このような問いをアイデンティティの問いという。哲学青年のように人生の探究にはまっている人は別にすると，このようにいかにも哲学風な問いと格闘するということはないかもしれない。

　児童がこんな問いを発してきたら，感心するというよりも，ちょっと驚いてしまう。もちろん，身長や体重に大きな個人差があるように，心の発達にも個人差があるため，早熟な子どもがこのような問いを発することも十分あり得ることだ。

　でも，思春期になると，だれもが多少なりとも哲学風な問いと無縁ではなくなる。改めてこんな問い方をしないまでも，つかみどころのない自分をもてあます。もっと未熟な言葉で考えるにしても，どこかでこのような問いが気になってくる。

　「自分らしく生きたい。でも，どういう生き方が自分らしいんだろう」「自分らしさって何だろう」といった問いが浮かんでくることは，だれでもよくあるのではないか。自分はこれまでどのような人生を歩んできたんだろう。自分はこの先どのような人生を歩んでいくんだろう。自分はいったい何をしたいんだろう。自分はこの社会で何をすることを求められているんだろう。自分は何をすべきなんだろう。「自分は……」「自分は……」「自分は……」と，この種の問いが押し寄せてくる。このような問いは，より実践的なアイデンティティをめぐる問いということができる。

（榎本博明『〈自分らしさ〉って何だろう？』ちくまプリマー新書）

いうイメージが鮮明になったとき，自己のアイデンティティが確立されたことになります。

エリクソンは，この課題への取組みがうまくいかないとアイデンティティ拡散という病理状態が生じるとしています。**アイデンティティ拡散**というのは，自分がよくわからない状態を指します。しかし，今やアイデンティティ拡散は，病理症状というよりも，多くの青年の心理状況とみなすべきでしょう。榎本（1991）が大学生を対象に実施した調査でも，アイデンティティ拡散に分類される者が45.5％とほぼ半数もおり，けっして特殊な病理状態ではないことがわかります。このようなアイデンティティ拡散状態にある青年の心理をあらわす事例をみても，こうした一見軽そうな雰囲気の背後に潜む不安心理は，多くの若者の間に広く蔓延しているように思われます（コラム5-3）。IT技術の発展により，ますます先が読みにくくなっている今日，生き方に迷う若者は非常に多いはずであり，アイデンティティ拡散はよりいっそう広まっていると考えられます。

5.6.2 葛藤の乏しい若者たち

アイデンティティ拡散気味の若者が目立つ一方で，アイデンティティをめぐる問いに悩むこともなく，安定したアイデンティティを保ち続ける者もいます。これはマーシャによって示された早期完了型で，親の価値観に疑問を抱くことなく，そのまま受け継いで自分の生き方としているタイプです。このようなタイプは，ホールが青年期の特徴とした疾風怒濤のように混乱した様相もなく，第2の誕生も第2次分離・個体化もありません。ただし，早期完了型は，親との間で分離・個体化ができていないという意味において，精神内部の構造が乳児期の共生段階に類似しており，未熟であるとの指摘もあります（ジョッセルソン，1996；クロガー，1995；パピーニたち，1989）。

また，分離・個体化過程は，親との関係によって阻害されることがあることも示されており（クロガー，2000），キンタナとラプスリー（1990）は，心の中の個体化への動きがアイデンティティの発達と関連すること，とくに両親によるコントロールが個体化の足を引っ張ることを見出しています。ペロサたち

コラム5-3　アイデンティティ拡散の事例

　「受験まではっきりとした目標があって，今思えば充実していたんだなって思います。目標に向かって生活が秩序づけられていました。でも，大学に入ってからは，部活をしたり友だちと飲み歩いたりする怠惰な日々が続くばかりで……目標喪失状態っていうのかな，何にもする気がしないし，何をすべきかもわからない，充実とはまったく無縁の生活の中で，倦怠感がものすごくって，身体までがだるくってしようがないっていう感じで……」

　「何も考えないで，ただ反射的に生きている瞬間のほうが多いんですけど，時々ひとりになって自分と向き合うとき，こんな方向性の見えない生活がいつまで続くんだろうって，ふと不安になるんです。……みんなでいるときの様子を見ている人がいるとすれば，楽しそうに遊び暮らしている軽めの大学生に見えると思うんですけど，ひとりになるとものすごく重たい瞬間に襲われることがあるんです。……これではいけない，なんとか生活を立て直さないと，なんてちょっと真剣に思ったりもするんですけど，どうしても流されてしまう」

　「授業に出ていても，何のためにやっているのかわからない。自分が前進している気がしないんです。このまま惰性でなんとなく学校に通っていても意味がない。いっそのこと，思い切って退学して働いたほうが充実するようにも思うんですけど，なかなか思い切れなくて」

（榎本博明『〈ほんとうの自分〉のつくり方』講談社現代新書）

（1996）は，早期完了型の青年後期の女性は，母親との関係に巻き込まれすぎて，自分自身の人生を方向づける能力が十分発達していないことを見出しています。

　今日の日本では，青年期になっても心理的に親と密着したままの若者も目立つので，その弊害について，アイデンティティの観点からの検討も必要と考えられます。

社会性の発達

6.1　向社会的行動の発達

6.1.1　向社会的行動の発達的変化

　向社会的行動とは，社会の規範に則った上で他者の利益のために行われる行動のことであり，親切な行動，思いやりのある行動，協力的な行動，人を援助しようとする行動などを指します（表6-1）。

　向社会的行動の発達に関しては，アイゼンバーグたち（アイゼンバーグ，1982；アイゼンバーグたち，2006；アイゼンバーグとスピンラッド，2014）をはじめ多くの研究が行われ，児童期から青年期にかけて増加していくことが確認されています（アイゼンバーグとフェイブス，1998；アイゼンバーグたち，1987，1991，1995，2006；フェイブスたち，1999）。これには後で述べるように，他者の立場や気持ちを想像することができるようになるなどといった認知能力の発達が深く関係しているとみることができます。

　杉山・中里（1985）も，幼稚園児，小学2年生および小学5年生を対象にゲームを用いた実験を行い，ゲームで負けた子に対して愛他行動を示した者の比率を算出しています。その結果，愛他行動は全体の54.3％が示しましたが，年齢別にみると，幼稚園児より小学2年生のほうが比率が高く，小学5年生ではさらに比率が高いというように，年齢とともに愛他行動の出現比率が高まることが確認されました（図6-1）。

　ただし，向社会的行動は，児童期以降，直線的に増えていくわけではないようです。児童期になると急激に増え始めるものの，児童期中期から青年期にかけて，一時的に減少することが多くの研究者によって報告されています（カルロたち，2007；コッコたち，2006；マルティたち，2015；ミドラスキーとハナー，1985；二宮，2010；西村たち，2018）。

　向社会的行動が児童期になると急激に増え始め，青年期にもさらに増えていくのに，なぜ児童期中期から青年期にかけて一時的に減少するのでしょうか。これに関しては，向社会的行動をとる動機の変化が関係しているのではないかとみられています。つまり，児童期になると社会性を注入しようというしつけが強化され，親や教師など大人の圧力によって，いわば外発的に向社会的行動

表 6-1　向社会的行動

向社会的行動……社会の規範に則った上で他者の利益のために行われる
　　　　　行動のこと。

　　親切な行動
　　思いやりのある行動
　　協力的な行動
　　人を援助しようという行動　　など

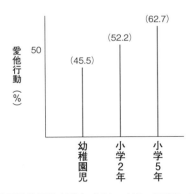

図 6-1　**年齢別愛他行動出現率**（杉山・中里, 1985 ; 杉山, 1991）

がとられるようになります。ところが，認知能力の発達により，「なぜそうし
なければならないのか？」と理由を考えるようになると，大人の圧力にただ従
うことに疑問が湧くこともあり，それによって向社会的行動が減少することが
考えられます。あれこれ思い悩んだ末に，向社会的行動をとるべきだというこ
とが自分の価値観として認知構造の中に組み込まれ，自分自身の中から湧いて
くる思いやりによって自発的に向社会的行動をとるようになります。その移行
期に，一時的に向社会的行動が減少するのではないかと考えられます。

6.1.2　向社会的行動に関係する養育者の要因

　ロンダービルとメイン（1981）は，1〜2歳にかけて母親との間に安定した
愛着を形成した幼稚園児は，仲間の欲求や気持ちに敏感で，仲間が苦しい状況
にあるときに同情する傾向がみられることを報告しています。また，ツァーン-
ワクスラーたち（1979）は，2歳未満の子どもと母親の観察研究により，共感
性や養育性において高く評価された母親の子どもたちは，積極的に愛他行動を
示す傾向があることを報告しています。

　このように他者に対して思いやりのある行動をとれるようになるためには，
認知的発達により他者の視点に立つことができるようになることが必須の条件
になるにしても，本人自身が安定した心理状態にあることが必要であるといえ
そうです。そうでないと他者のことを思いやるような気持ちの余裕がないとい
うことなのではないかと思われます。

6.1.3　日本の子どもたちの思いやり行動は減っているのか

　日本人の共感性の高さはしばしば指摘されるところですが，1990年前後か
ら日本の子どもたちの思いやり行動の出現率の低下が，縦断的データや国際比
較データによって示されています（中里・杉山，1988；坂井，2005）。ただし，
国際比較データで日本の子どもたちの思いやり行動の出現率が低くなるのは，
人のためになる行動をとったかどうか，とるかどうかを測定しているからであ
って，人を思いやる心をもっているかどうかを測定しているわけではありませ
ん。とくに日本人の場合，思いやりの心はあっても，相手の気持ちを思いやる

コラム 6-1　行動にあらわれにくいやさしさ

　「欧米と比べて，日本では，「言葉に出さないやさしさ」というものも伝統的に大切にされてきた。

　察するというのは日本独自のコミュニケーションの仕方だと言われるが，何でも言葉に出せばいいというものではない，といった感覚が日本文化には根づいている。

　何か悩んでいそうな相手，落ち込んでいる様子の相手に，
「どうした？　元気ないけど，何かあったの？」
と声をかけるのもやさしさではあるが，人には言いにくいこともあるかもしれない，今は人に話をするような気分ではないかもしれないなどと考えて，あえて何も言わず，そっとしておく，というやさしさもある。

　また，同情されることで自尊心が傷つく場合もある。相手に負担をかけることを非常に心苦しく思う人もいる。そのような相手の場合は，同情の気持ちが湧いても，そっと見守る方がいい。そんなやさしさもあるだろう。

　そっと見守るやさしさは，見かけ上は人に無関心な態度と区別がつきにくいため，ともすると見逃されがちだが，誠実な人ほど，そのようなやさしさをもっていることが多い。

　照れやわざとらしくないかといった懸念から，やさしい言葉をかけられないという人もいる。控え目な人は，わざとらしさを嫌う。そのため，本心では何も心配していないのに，わざとらしくやさしい言葉をかける人の方が，周囲からやさしいとみなされたりする。

　とても繊細なやさしい気持ちをもつ人の場合，相手の気持ちを気遣うあまり，声をかけそびれるということもある。何か声をかけようとしても，思い浮かぶどの言葉も薄っぺらいような気がする。

（中略）

　こうしてみると，やさしさは，行動だけでなく，相手を思いやる気持ちとしてとらえる必要があるだろう。安易に言葉をかけるより，そっとしておく方が相手のためと思い，あえて声をかけずにおくのもやさしさに違いない。」

（榎本博明『「やさしさ」過剰社会』PHP 新書）

あまり，なかなか行動に移せないということもあるのではないでしょうか。それは，適切な思いやり行動をとる社会的スキルが身についていないということではなくて，人を傷つけてはいけないという気持ちが強すぎて身動きがとれなくなるということです。そうした傾向こそが，近年の子どもや若者の思いやり行動の出現率の低下につながっているのではないでしょうか（コラム6-1）。

そのような傾向をやさしさの変容としてとらえた大平（1995）は，旧来のやさしさについて「相手の気持に配慮し，わが事のように考える一体感があった」とし，そのようなやさしい滑らかさが失われつつあると言います。一方，新しいやさしさでは，相手の気持ちを詮索しないことが欠かせないと言います。要するに，「相手の気持ちを察し，共感する」やさしさから「相手の気持ちに立ち入らない」やさしさへと変容したというわけです。傷を癒やすやさしさよりも，傷つけないやさしさを重視する。だから相手の気持ちに立ち入らないようにする。そうすれば傷つけることはない。それが今の時代の若い世代に共有されているやさしさであり，思いやりだということになります（表6-2）。

そのような心理傾向が強まれば，相手の気持ちに立ち入ることを躊躇し，その結果として思いやりを行動に移すことがしにくくなります。ここで必要なのは，人の気持ちを多少傷つけても大丈夫という他者への信頼感を身につけ，人の気持ちを傷つけることを過剰に恐れる心理を克服することです。そういった観点から思いやり行動の出現率の低下について検討する必要があります（榎本，2017）。

6.2　道徳性の発達

6.2.1　コールバーグの道徳性の発達段階論

向社会的行動をとるかどうかには，道徳性の発達が大きくかかわっていると考えられます。道徳性の発達に関しては，コールバーグによって提唱された発達段階論が広く知られ，また多くの研究者に参照されています。

道徳心というのは，社会規範を自分の価値観の中に組み込むことによって発達していきます。コールバーグ（1969）は，「叱られるから」「ほめられるか

表6-2 やさしさの変容（大平，1995 より作成）

「相手の気持ちを察し，共感するやさしさ」から「相手の気持ちに立ち入らないやさしさ」へと変容。

「旧来のやさしさ」とは，相手の気持ちを察し共感することで，お互いの関係を滑らかなものにすること。

「新しいやさしさ」では，相手の気持ちに立ち入ることはタブーであり，相手の気持ちを詮索しないことが，滑らかな関係を保つのに欠かせない。

言い換えれば，
「治療としてのやさしさ」から「予防としてのやさしさ」へと変容。

お互いの心の傷を舐めあう「やさしさ」よりお互いを傷つけない「やさしさ」。

その根底にあるのは，「傷つけてはいけない」という思い。

表6-3 コールバーグの道徳性の発達段階（山岸，1976）

レベル1：前慣習的水準（Preconventional Level）（道徳的価値は，外的，準物理的できごとや行為にある）

ステージ1：罰や制裁を回避し，権威に対し自己中心的に服従。

ステージ2：報酬，利益を求め，素朴な利己主義に志向。

レベル2：慣習的水準（Conventional Level）（道徳的価値は，よい又は正しい役割を遂行し，conventional（紋切型）な秩序や他者の期待を維持することにある）

ステージ3：よい子への志向。他者からの是認を求め，他者に同調する。

ステージ4：義務を果たし，与えられた社会秩序を維持することへの志向。

レベル3：原則的水準（Principled Level）（道徳的価値は，自己自身の原則，規範の維持）

ステージ5：平等の維持，契約（自由で平等な個人同士の一致）への志向。

ステージ6：良心と原則への志向。相互の信頼と尊敬への志向。

ら」といった理由で外から動かされる前慣習的水準から，「良い子になりたい
から」「規則には従うべき」といった思いによって動く慣習的水準へ，そして
さらに自分自身の価値観に基づいて判断して動く原則的水準へと発達するとい
う，**道徳性の発達段階論**を提唱しました。そこでは，各段階をさらに２つに分
けて，他律から自律へと向かって発達していく６つの発達段階を設定していま
す（表6-3）。

　子どもたちが現時点でどの発達段階に相当するかは，道徳的ジレンマを含む
例話に対する反応をもとに判断します。コールバーグが用いた例話の一つであ
るハインツの例話は，つぎのようなものです。

　「ハインツの妻が重病にかかり，医者から，ある薬を使えば助かるかもしれ
ないと言われました。その薬は最近ある薬屋が開発したばかりのもので，開発
費の10倍の値段で売っています。ハインツは，知人からお金を借りて回りま
したが，薬代の半分しか集められませんでした。そこでハインツは，妻が死に
そうだという理由を話し，薬代を安くしてもらえないか，あるいは足りない分
は後で払うようにしてもらえないかと薬屋に頼みました。しかし，薬屋は，こ
れで儲けるつもりだからと断りました。途方に暮れたハインツは，妻を助ける
ために，薬屋に泥棒に入り，薬を盗み出しました。」

　このような例話を読み，主人公はどうすべきだったかを問い，その理由を尋
ねます。泥棒に入った主人公の行動に賛成だから道徳性の発達段階が低いとか，
反対だから道徳性の発達段階が高いということではありません。賛成でも反対
でも，どちらにしてもその理由が重要な意味をもちます。主人公のとった行動
になぜ賛成なのか，あるいはなぜ反対なのか，その理由づけの仕方から道徳性
の発達段階を判断します。表6-4に６つの段階の具体的な反応例が，賛成・
反対それぞれについて示されています。

　山岸（1976）は，小学５年生，中学２年生，高校２年生，大学生・大学院生
を対象に，上述のような例話を用いて，「主人公はどうすべきか」「その理由
は」と尋ね，その反応をもとにそれぞれの発達段階を判断しました。その結果，
小学生より高校生，高校生より大学生のほうが発達段階の高い者の比率が高く
なっていることがわかりました（図6-2）。ただし，中学生の場合は，小学生

表6-4　ハインツの例話への発達段階ごとの反応例（渡部，1995；渡部，2019）

水準	段階	賛否	反　応
前慣習的	第1	賛成	もし妻を死なせたら，彼（ハインツ）は困ったことになる。妻を救うためにお金を使わなかったと非難され，彼と薬屋は取り調べを受けるだろう。
		反対	盗んだら捕まって刑務所に入れられるので，盗むべきではない。もし逃げても，警察が捕まえに来るのではないかと，いつもびくびくするだろう。
	第2	賛成	もし捕まっても，薬を返せばそれほど重い刑は受けなくてすむ。少しの間くらい刑務所にいても，出てきたときに妻がいるならよいではないか。
		反対	薬を盗んでもそれほど刑期は長くない。しかし，彼が刑務所を出る前に，妻は死ぬでしょう。もし妻が死んでも，彼は自分を責めてはいけない。妻が癌にかかったのは彼のせいではないのだから。
慣習的	第3	賛成	薬を盗んでも誰も悪いとは思わない。しかし，盗まなかったら，家族の人は彼を"人でなし"だと思うでしょう。妻を死なせたら，二度と人の顔をまともに見ることができなくなる。
		反対	彼が犯人だと思うのは，薬屋だけではない。みんながそう思う。盗んだ後で，自分が，家族や自分自身にどんなに不名誉なことをしたのかを考えて嫌になる。二度と人に顔を合わせられなくなる。
	第4	賛成	彼に誇りがあれば，妻を助けるためにすることのできる唯一のことをするのが恐ろしいからといって，妻を死なせたりはしないでしょう。妻に対する義務を果たさないなら，彼女を死なせたことに対して罪の意識をもち続けるだろう。
		反対	死にものぐるいになっているから，薬を盗んでいるときは，悪いことをしていると気づかないかもしれない。しかし罰を受け，刑務所に入ってから自分が悪いことをしたとわかるでしょう。そして，自分の不誠実さと法を犯したことに対して，いつも罪の意識を感じることになる。
原理的	第5	賛成	薬を盗まないと，他の人からの尊敬を失い，取り戻すことができない。妻を死なせたとしたらそれは恐れからであって，よく考えてのことではない。その結果，彼は自尊心を失い，たぶん他の人からの尊敬も失うでしょう。
		反対	地域社会における自分の地位と尊敬を失うことになり，法を破ることにもなる。感情に押し流されて長い目でみることを忘れれば，自尊心も失うことになるだろう。
	第6	賛成	薬を盗まないで妻を死なせたら，後々そのことで自分を責めることになるでしょう。盗んでも非難されないでしょうし，法の目の届かないところで生活すればよい。しかし盗まないと，自分の良心の規範に従って生きられないだろう。
		反対	薬を盗んでも他の人から非難されることはないが，自分の良心と正直さという規範に従わなかったことで，自分自身を責めることになる。

と比べて，第４段階の者の比率は増えるものの，第２段階の者の比率も増えて
おり，道徳性の発達段階の上昇が止まっている感じもあります。これは，前節
で向社会的行動は児童期以降増加していくが，児童期中期から青年期にかけて
一時的に減少するという傾向と一致するもので，他律的な道徳心から自立的な
道徳心への移行期における心の葛藤によるものとみなすこともできます。

6.2.2　日本の子どもたちの規範意識は希薄化しているのか

　子どもたちの規範意識が希薄化していると指摘されることがしばしばありま
すが，実際はどうなのでしょうか。

　山岸（2006）は，小学生の約束概念の発達の研究を行い，22 年前の小学生
との比較を行っています。その結果，22 年前と同じく，約束を守ろうとする
意識は学年とともに高まっていました。規範意識が希薄化しているといわれる
わりには，約束を守ろうとする傾向に変化はみられませんでした。

　ただし，約束を守ることと相反する状況が生じたときにどうするかに関して
は，22 年前との違いがみられました。それは，表 6-5 のようにまとめること
ができます。約束を守ろうとする傾向には全体として変化はみられなくても，
このように大人からの圧力に抵抗したり，集団内の義務に拘束される度合いが
弱まったり，他者の気持ちを配慮する気持ちが強まったりすることが，規範意
識の希薄化といった印象につながっていることが考えられます。

6.2.3　道徳心の発達を促進する道徳的ジレンマ課題

　社会的相互作用によって道徳性が発達していくとするトゥリエル（2008）の
考え方に基づいて，首藤・二宮（2003）は，幼稚園児の遊びの中で生じるトラ
ブルを観察することで，道徳性の発達を検討しています。その結果，幼児主導
と教師主導の遊び場面では対人葛藤のタイプとその解決の仕方が異なり，幼児
を主体とした遊び場面での葛藤体験から道徳領域の認知が発達することが示さ
れました。

　児童期以降，討論が可能な年齢では，先述のコールバーグの例話のような道
徳的ジレンマを含むテーマについて討論することで，道徳性の発達が促進され

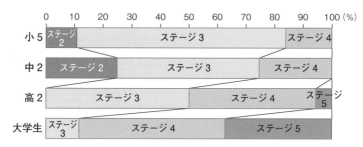

図 6-2　年齢段階による道徳性発達段階の比率の違い（山岸，1976）

表 6-5　約束を守るか破棄するか──小学生の 22 年間の変化（山岸，2006 より作成）

①大人からの圧力によって約束を破棄する傾向の弱まり

　母親から「勉強しなさい」と言われたり，同じく母親から留守番を頼まれたりしたために，約束を破棄しようとする傾向は弱まった。

②「他者の気持ち」が関与する状況で約束を破棄する傾向の強まり

　祖父の誕生パーティを理由に約束を破棄しようとする傾向は強まった。

③6 年生において，「集団内の義務」を果たすために約束を破棄する傾向の弱まり

　掃除当番があるために約束を破棄しようとする傾向は弱まった。

ることが確認され，そのための討論のプログラムも開発されています（コール
バーグとコールビィ，1975）。

　そのような討論では，他者の視点を理解し，物事を複眼的に見ることができ
るようになることが道徳性の発達につながると考えられます。私たちの心的な
行為が社会的・文化的・歴史的な文脈の中で道具に媒介されているとみなす社
会文化的アプローチ（ワーチ，1998）に基づいて，タッパン（2006）は，道徳
性は必ず言葉，言語，対話形式によって媒介され，それは個人内の内言におい
て内的な道徳的対話の形をとり，社会的コミュニケーションや社会的関係が必
然的に道徳性を生み出すというように，道徳性の発達は特定の社会的・文化
的・歴史的な文脈によって形成されるとしています。そして，タッパンは，他
者との相互作用を通して道徳性を媒介する言語を自分のものとしていく過程が
道徳性の発達であるとしています（一柳，2014）。

　現時点での自分とは違った視点に触れ，それを自分の認知構造の中に取り込
むことで複眼的に物事を見ることができるようになり，それが道徳性の発達を
促すのであるなら，討論に限らず，読書なども含めて，自分の中にまだない視
点に触れることが大切だといえるでしょう。

6.3　共感性と視点取得

6.3.1　共感性の２側面

　共感性は，心理学においては，認知的側面と感情的側面の双方からとらえる
のが主流となっています（図6-3）。デイヴィス（1983）は，共感性の認知的
側面を視点取得と空想でとらえ，感情的側面を共感的関心と個人的苦痛でとら
える尺度を作成しています。視点取得とは，他者の視点に立って物事をとらえ
ることです。空想とは，この場合，小説や映画の登場人物に自分を重ねること
を指します。共感的関心とは，他者に同情したり配慮したりすることを意味し
ます。個人的苦痛とは，この場合，相手に援助が必要な場面で苦しみを味わう
ことを指します（図6-4）。

　ホフマン（2000）は，年齢とともに認知能力が発達し，共感性が高まること

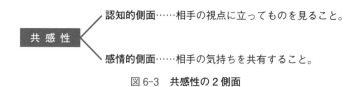

図 6-3　共感性の 2 側面

視点取得……他者の視点に立って物事をとらえること。

共感の認知的側面

空　　想……小説や映画の登場人物に自分を重ねること。

共感的関心……他者に同情したり配慮したりすること。

共感の感情的側面

個人的苦痛……援助が必要な場面で苦しみを味わうこと。

図 6-4　デイヴィス（1983）による共感性の 4 つの要素

により向社会的行動が促進されるとしています。

　相手の立場からするとこのように考えるのは当然というように認知的に理解したり，相手の気持ちを想像して同情したりすることが，思いやりのある向社会的行動を促すのであれば，このような共感性を高めることが大切といえます。

6.3.2　視点取得と道徳性の発達

　共感性の重要な要素ともいえる視点取得，つまり他者の視点に想像力を働かせる能力の発達は，思いやり行動の基盤にもなる道徳性の発達にとっても重要な要因となると考えられます。

　モア（1974）は，児童期後期の子どもたちを対象に，視点取得と道徳性の発達の関係を検討する調査を行い，両者の間に有意な相関を見出しています。ここからも，視点取得といった認知発達が道徳性の発達を促進する条件になっていることが示唆されます。さらに，デイヴィスとフランゾア（1991）は，視点取得や相手の気持ちを共有する能力など，認知面および感情面の共感性は，児童期から青年期にかけて著しく発達することを見出しています。このような共感性の発達が，児童期・青年期の道徳性の発達を後押ししていると考えられます。

　このように共感性が発達し，他者の視点に想像力を働かせることができるようになることが，攻撃性を抑制するであろうと考えられます。アイゼンバーグたち（2006）は，向社会的行動を積極的に行う者は攻撃性が低いことを見出しています。リチャードソンたち（1994）も，共感性が攻撃感情や対立的な反応と負の関係にあること，また相手の視点に立って見るように言われた者はそうでない者より攻撃的な反応を示すことが少ないことを証明しています。

　こうしてみると，道徳性の発達，そして向社会的行動の促進のためには，他者の視点に想像力を働かせるように働きかけ，共感性を高めるのが有効であるといえます。

学　習

7.1 学習の重要性

7.1.1 学習によって文化的存在になる

　学習というと，机に向かって勉強したり，学校の教室で授業を受けたりすることを連想しがちですが，心理学においては，経験によって広い意味での行動に持続的な変容が生じることを**学習**といいます。たとえば，日本で育てばお辞儀したり謙遜したりといった行動や態度を自然に身につけているものですが，それは学習の成果です。そのような行動や態度を身につけた人が，アメリカに行くと，握手をしたり自己主張して自分を押し出したりする必要が生じ，新たな行動や態度を学習する必要が出てきます。

　所属する社会にふさわしい行動様式を身につけることを**社会化**といいますが，それは学習によって進められます（**表7-1**）。社会的動物といわれる私たち人間は，生物学的に身につけて生まれた諸性質を土台として，その社会で求められる諸性質を学習によって身につけていくことで，その社会のメンバーとして一人前と認められるようになっていきます。

　精神分析学および社会心理学の視点に立つフロムは，それぞれの社会に要求される性格の型があり，子どもは直接・間接にそれを知り，成育の過程で身につけていくといいます。そこでフロムは，社会的性格という概念を提唱しました。**社会的性格**とは，フロム（1941）によれば，特定の集団に所属する大部分のメンバーが共通に身につけている性格構造の中核的な部分であり，その集団に共通な基本的経験と生活様式の結果として発達したものです。それを身につけることによって，その社会にふさわしい人間になっていきます。

　性格形成において学習という見方をよりいっそう強調したのが，文化人類学者クラックホーンです。クラックホーン（1949）は，パーソナリティはその大部分が学習の産物であり，学習はその大部分を文化によって想定・管理されているとみなします。そして，**文化的学習**には技術的なものと規制的なものとがあり，アメリカでは前者の技術的学習は主に学校でなされ，後者の行儀作法のような規制的学習は家庭や教会でなされていると指摘しています。

表 7-1　**社会化は学習である**

学習……経験によって（広い意味での）行動に持続的な変容が生じること。

社会化……所属する社会にふさわしい行動様式を身につけること。

社会的性格……特定の集団に所属する大部分のメンバーが共通に身につけ
ている性格構造の中核的な部分であり，その集団に共通な
基本的経験と生活様式の結果として発達したもの。

フロム → 社会的性格を身につけることによって，その社会にふさわしい
人間になっていく。

クラックホーン → パーソナリティはその大部分が学習の産物であり，学
習はその大部分を文化によって想定・管理されている。

　文化的学習
　　技術的学習……主に学校でなされる。
　　規制的学習……家庭や教会でなされる。

7.1.2　潜在カリキュラム

　クラックホーンは，目に触れるものだけが文化なのではなく，目に触れない部分も重要な意味をもっているとし，異文化間で行動様式を比較する際には，それぞれの独自の文化の文脈の中で個々の行動のもつ意味をとらえなければならないと注意を促しています。

　文脈の重要性については，人類学者ホール（1976）も，明らかに観察可能な表層文化の下に潜む文化の非言語的領域，いわゆる隠れた次元を探求する必要性を説いています。

　これはブルームのいう潜在カリキュラムに通じるものです。**潜在カリキュラム**とは，公に示されているカリキュラムに対して，これを教えると公示されてはいないけれども，何らかの形で非公式に伝えられていくカリキュラムのことです。ブルームは，学校教育の大半は潜在カリキュラムの働きだと言います。それは，学校生活を通して，知識が伝達されるだけでなく，その社会にふさわしい行動の仕方やものの見方・感じ方が伝えられていくことを指しています（図7-1）。

　東（1989）は，自身の子どもがアメリカから日本の小学校に移ったときの体験をもとに，日米の潜在カリキュラムの違いを例示しています。たとえば，アメリカではパーティの相棒がいないと困るので男の子と女の子は仲良くするという潜在カリキュラムがありますが，それを学習して日本の小学校にやってきた男の子がガールフレンドをつくろうとすると奇異な目でみられます。また，自分を強く押し出して先生と張り合うのが好ましいとされる潜在カリキュラムをアメリカで学習した子が，日本で先生にしつこく質問したり意見をぶつけたりすると敬遠されてしまいます。日本の学校には，あまりしつこく自分を押し出して人を困らせてはいけないという潜在カリキュラムが機能しているからです。

　このように，社会に適応するには，明示的な文化規範だけでなく，暗黙のうちに機能している文化規範も学習していかなければなりません。

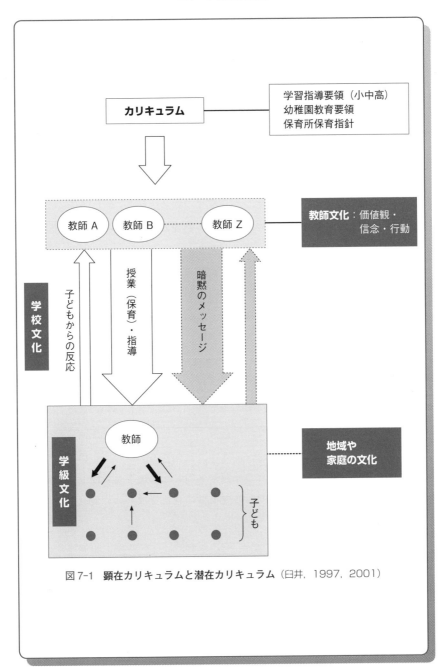

図7-1　**顕在カリキュラムと潜在カリキュラム**（臼井，1997，2001）

7.2　学習の諸理論

7.2.1　古典的条件づけ

　条件反射という言葉を耳にしたことがあると思いますが，それは古典的条件づけの原理で説明がつきます。ロシアの生理学者パヴロフは，イヌが飼育係の足音が聞こえると唾液を分泌することに気づきました。餌を前にすれば唾液が分泌するのは自然な反応ですが，ふつうは足音を聞いて唾液が分泌するといった反応は生じません。これにヒントを得てパヴロフが行った実験が，古典的条件づけの実験として有名になりました（**図7-2**）。

　イヌにメトロノームの音を聞かせても，当然ながら唾液の分泌は起こりません。肉粉を与えると唾液の分泌が起こります。そこでパヴロフは，メトロノームの音に続いて肉粉を与えるという操作を繰返し行ってみました。すると，イヌはしだいにメトロノームの音を聞くだけで唾液を分泌するようになったのです。メトロノームの音という刺激に対して唾液分泌といった反応を起こすようになったわけで，これはこれまで身につけていなかった新たな行動を学習したことになります（**図7-3**）。これを**古典的条件づけ**といいます。

　古典的条件づけでは，肉粉のような餌を無条件刺激，肉粉を与えられることで生じる唾液分泌のような反応を無条件反応といいます。肉粉は無条件に唾液分泌を起こさせるからです。これに対して，メトロノームの音が唾液分泌を起こさせるとき，メトロノームの音のように本来唾液分泌といった反応を起こさせない刺激を条件刺激，その場合の唾液分泌のような反応を条件反応といいます。音と餌の対呈示を繰り返すといった条件のもとではじめて形成された刺激―反応の結びつきだからです。

　私たちの日常的な行動の中にも，この古典的条件づけによって形成された刺激―反応の結びつきによるものがみられます。たとえば，レモンとか梅干しとかの言葉を聞くだけで，酸っぱさに唾が湧いてきて身震いするということがあるでしょう。これも，もともとはレモンや梅干しが口に入ったときの酸っぱい味という刺激が唾液分泌や身震いといった反応を無条件に引き起こすのみだったはずです。ところが，レモンや梅干しを見た後それを口に入れ酸っぱさを感

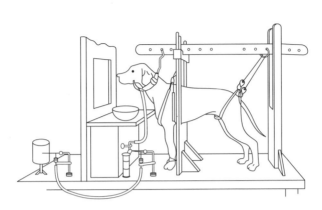

図 7-2　**パヴロフの実験装置**（ヤーケスとモーガリス，1909）

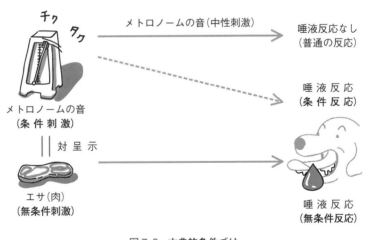

図 7-3　**古典的条件づけ**

じるという経験を繰り返すことによって，レモンや梅干しを見るだけで唾が湧き身震いするということが起こってきます。そこからさらに，レモンや梅干しという言葉を聞くだけで唾が湧き身震いするようになります。これは，まさに古典的条件づけによって新たな刺激―反応の結びつきができたことを意味します。

7.2.2　道具的条件づけ

　古典的条件づけで取り上げられる行動は，唾液分泌のように，何らかの刺激によって有無を言わさずに引き起こされる反応です。これに対して，たまたま自発的に引き起こされた行動を定着させるような条件づけを**道具的条件**づけといいます。これは，ソーンダイクによって発見されたものですが，体系的に研究を進めたのがスキナーです。

　スキナーは，スキナー箱と呼ばれる実験装置を使っていろいろな実験を行っています（図7-4）。この実験箱にはレバーと餌皿があり，レバーを押すと餌皿に餌が出てくる仕掛けになっています。この箱に入れられた空腹のネズミは，餌を探し回っているうちに，たまたまレバーを押したはずみに餌皿に餌が出てくるといったことを経験します。そうした経験を何度も繰り返すことで，やがてネズミはレバーを積極的に押すようになります。レバー押しという新たな行動様式が学習されたのです。

　この学習のメカニズムで重要なのは，餌のような報酬を用いることによって，自発的にとられた特定の行動の定着がはかられるという点です。この場合の報酬を**強化子**，強化子を与えることを**強化**といいます。

　この道具的条件づけは，日常生活のいたる場面で行われています。たとえば，子どものしつけの場面でもよく用いられます。人に対して親切な行動をとったときにほめたり，勉強で頑張ったごほうびにおもちゃを買ってあげたりするのも，ほめ言葉やおもちゃといった強化子を与えることで望ましい行動を定着させようとするものです。

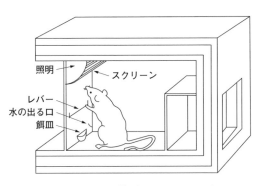

照明
スクリーン
レバー
水の出る口
餌皿

図7-4 **スキナー箱**（スキナー，1938）

7.2.3　自己強化学習

　条件づけによる学習は，他者から強化を受けることによって成立するもので
すが，バンデューラとパーロフ（1967）は，他者による強化と同じく，自己強
化によっても作業量が増加することを実証しました。このような自己強化によ
る学習を**自己強化学習**といいます。そうした自己強化の原理をもとに，バンデ
ューラ（1977）は，自分自身の成果を自分で評価し，その結果として生じる自
己反応が行動を制御するという，**自己調整モデル**を提唱しています。そして，
自己評価反応を自己強化の強化子とみなしています。自己評価反応として，バ
ンデューラは満足とか不満足といった反応をとくに重視しています（表 7-2）。
自己強化学習は次章に出てくる自己調整学習の一種といえます。

　竹綱（1984）は，この自己調整モデルを踏まえて，自己評価反応が学習に及
ぼす影響を実験的に検討しています。その実験では，漢字書き取り課題を用い
て，自己採点条件，教師採点条件，採点なし条件，自己採点チェック条件（自
己採点を教師がチェック）の学習成果を比較しています。その結果，事前テス
トでは 4 つの条件でまったく差がありませんでしたが，事後テストでは教師採
点条件で最も成績が伸びており，自己採点条件と自己採点チェック条件がそれ
に続き，採点なし条件（無強化）で最も伸びが小さくなっていました（図 7-
5）。このように，自己評価反応による強化は，外的強化には及ばないにして
も，小学 6 年生の段階になれば，漢字学習の促進にかなり有効であることが確
認されました。

7.2.4　観 察 学 習

　モデリングという概念を提唱したバンデューラは，モデルとなる人物の行動
を真似ることをモデリング，それによって成立する学習を観察学習と名づけま
した。つまり，**観察学習**とは，報酬が与えられなくても，ただモデルとなる人
物の行動を観察することによってその行動を身につけるといった形式の学習，
つまり強化なしに観察だけで成立する学習のことです（表 7-3）。

　テレビやマンガの暴力描写や性描写が子どもや若者に悪影響を与えるのでは
ないかといった議論がありますが，これなども観察学習の問題といえます。実

表7-2　**自己調整モデル**

バンデューラ→自分自身の成果を自分で評価し，その結果として生じる自己
　　　　　反応が行動を制御するという「自己調整モデル」を提唱。

自己評価反応が自己強化の強化子
↓
満足とか不満足といった反応

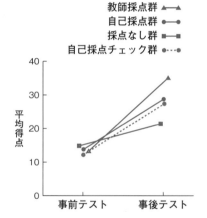

図7-5　**自己採点群，教師採点群，採点なし群，自己採点チェック群の学習成果**
（竹綱，1984）

表7-3　**観 察 学 習**

観察学習……報酬が与えられなくても，ただモデルとなる人物の行動を観察
　　　　　することによってその行動を身につけるといった形式の学習，
　　　　　つまり強化なしに観察だけで成立する学習のこと。
モデリング……モデルとなる人物等の行動を真似ること。

際，暴力描写がそれを見た子どもたちの攻撃行動を促進することは，多くの実証的研究によって証明されています（表7-4）。

　ペイクとコムストック（1994）は，217の研究のメタ分析により，テレビの暴力映像が反社会的行動を増加させることを確認しています。アンダーソンとブッシュマン（2001）は，暴力的なビデオゲームの影響に関する研究のメタ分析により，暴力的なビデオゲームをすることで攻撃行動が増えることを確認しています（表7-4）。

　実験室で証明された暴力的なメディアとの接触と攻撃行動との関係は，縦断的研究により実生活のデータでも証明されています。ヒュースマンたち（2003）は，平均年齢8歳だった子どもたちが20〜25歳になる15年後に追跡調査した結果，8歳の頃に暴力的なテレビ番組を常習的に見ていた者は，男女とも大人になったときの攻撃性が高いことを確認しています。たとえば，8歳の時点で暴力的番組の視聴時間が上位4分の1に入っていた男性のうち犯罪を犯した者の比率は11％（それ以外の男性では3％），過去1年間に配偶者を押したりつかんだり突き飛ばしたりした者の比率は42％（それ以外の男性では22％），過去1年間に腹を立ててだれかを突き飛ばした者の比率は69％（それ以外の男性では50％）と，攻撃行動をとる人物の比率の高さが目立ちました。女性でも，8歳時に暴力番組の視聴時間の上位4分の1に入る者では，過去1年間に配偶者に物を投げた者の比率は39％（それ以外の女性では17％），過去1年間に腹を立ててだれか大人を殴ったり首を絞めたりした者の比率は17％（それ以外の女性では4％）となっており，男性同様に攻撃行動の高さが目立ちました（表7-5）。

　ただし，暴力的なメディアとの接触がだれに対しても同じような影響を与えるわけではありません。そのことを示したブッシュマン（1995）の青年を対象とした実験では，性格特性としての攻撃性が高い者，中程度の者，低い者に分け，それぞれ半数には暴力的な映画を，もう半分には非暴力的な映画を見せ，その影響を調べています。その結果，性格特性としての攻撃性が高い者においてのみ，暴力的な映画を見ることで攻撃性が高まっていました。性格特性としての攻撃性が中程度の者や低い者では，そのような影響はみられませんでした。

表7-4　暴力的な映像やビデオゲームの影響

ペイクとコムストック（1994）
　　テレビの暴力映像の影響に関する諸研究の結果を検討。
　　　　テレビの暴力映像と攻撃行動との相関係数 r の平均＝.38
　　　　　　他人への身体的攻撃に限ると　r＝.32
　　　　→テレビの暴力映像が反社会的行動を増加させることを確認。

アンダーソンとブッシュマン（2001）
　　暴力的なビデオゲームの影響に関する諸研究を検討。
　　　　暴力的なビデオゲームをすることは
　　　　　　攻撃行動（r＝.27）
　　　　　　攻撃的感情（r＝.19）
　　　　　　攻撃的認知（r＝.27）
　　　　　　生理的喚起（r＝.22）の増加と関係
　　　　　　援助行動などの向社会的行動（r＝-.27）の減少と関係。
　　　　→暴力的なビデオゲームをすることで攻撃行動が増えることを確認。

表7-5　児童期の暴力的なメディアとの接触と成人後の攻撃行動
（ヒュースマン，2007 より作成）

【児童期暴力的番組高接触群】（8歳時に暴力的番組の視聴時間が上位4分の1）	
男　性	
犯罪を犯した者	11%
過去1年間に配偶者を押したりつかんだり突き飛ばしたりした者	42%
過去1年間に腹を立ててだれかを突き飛ばした者	69%
女　性	
過去1年間に配偶者に物を投げた者	39%
過去1年間に腹を立ててだれか大人を殴ったり首を絞めたりした者	17%
【児童期暴力的番組低接触群】（8歳時に暴力的番組の視聴時間が下位4分の3）	
男　性	
犯罪を犯した者	3%
過去1年間に配偶者を押したりつかんだり突き飛ばしたりした者	22%
過去1年間に腹を立ててだれかを突き飛ばした者	50%
女　性	
過去1年間に配偶者に物を投げた者	17%
過去1年間に腹を立ててだれか大人を殴ったり首を絞めたりした者	4%

そこから，もともと攻撃性の高い者にとって，暴力的な映画は攻撃性をさらに引き出す効果があるのではないかと結論づけています。

　ここから観察学習の成立には素質も関係していることがわかります。たとえば，ヒュースマンたち（2003）の調査データでは，8 歳の頃に暴力番組をよく見ていた 20 代前半の男性の 69％が過去 1 年間に腹を立ててだれかを突き飛ばしたりしているのに対して，そうでない男性では過去 1 年間に腹を立ててだれかを突き飛ばしたりしている男性は 50％しかいないといいます。しかし，そもそも日本の男性で過去 1 年間に腹を立ててだれかを突き飛ばした者が 69％とか 50％もいるでしょうか。8 歳の頃に暴力番組をよく見ていた 20 代前半の女性の 17％が過去 1 年間に腹を立ててだれか大人を段ったり首を絞めたりしているのに対して，そうでない女性では 4％しかいないといいますが，日本の女性で過去 1 年間に腹を立ててだれかを段ったり首を絞めたりした者が 17％とか 4％もいるでしょうか。アメリカでは暴力的メディアとの接触が攻撃行動を誘発することが多くの研究によって証明されていますが，もともとの攻撃性がアメリカ人より日本人のほうが低いことを考えると，アメリカで得られた知見がそのまま日本人に当てはまるわけではないので，慎重に検討する必要があります。

8

学校教育における学習

8.1　発見学習

　発見学習の提唱者であるブルーナー（1961）は，知識をただ与えるのではなく，学習者自身に発見させることが大切であり，それによって問題解決能力が高まり，そうやって得た知識は応用可能な生きた知識になるとしました（**表8-1**）。

　発見学習に相当する，日本における実践としては，板倉（1966）の仮説実験授業があります（**表8-1**）。それは，問題に対する解答と，そのように判断する理由を児童・生徒に考えさせ，それをみんなの前で発表させたり，みんなで，あるいは班で話し合わせたりします。それから実験を行わせて，実際はどうなのか，どの解答が正しいかを検証させます。

　このような授業方法は，ずいぶん前から授業に取り入れられてきたので，理科の実験や算数・数学の授業などで，ほとんどの大人は経験しているはずです。ただし，理科や算数・数学のように発見学習に適した内容もありますが，あらゆる学習内容に適用できるわけではありません。

　さらには，教師の説明を中心に進める授業と違って，発見学習は手間がかかり，学習内容の習得に非常に多くの時間がかかるため，発見学習中心に進めるとなるとカリキュラムをこなすのが難しくなるという問題もあります。

　また，児童・生徒の試行錯誤や話し合いが中心になると，時間がかかるだけでなく，話が誤った方向に進んでいってしまい，収拾がつかなくなるといったことも起こってきます。

　ゆえに，発見学習を部分的に取り入れる場合には，教師の側がそれにふさわしい内容を選び，適切な問いを設定し，発見の道筋をうまくたどれるようなヒントや予備知識を与えることが欠かせません。その意味では，つぎの節（有意味受容学習）で出てくる先行オーガナイザーが発見学習においても重要な役割を担っているといってよいでしょう。

表8-1 発見学習

ブルーナー

知識をただ与えるのではなく，学習者自身に発見させることが大切であり，それによって問題解決能力が高まり，そうやって得た知識は応用可能な生きた知識になる。

→**発見学習を提唱**

板倉の仮説実験授業も発見学習に相当

問題に対する解答と，そのように判断する理由を児童・生徒に考えさせ，それをみんなの前で発表させたり，みんなで，あるいは班で話し合わせたりする授業。

発見学習の短所

- あらゆる教科の学習内容に適用できるわけではない。
- 手間も時間もかかる。
- 発表や話し合いが見当違いの誤った方向に進んでいってしまい，収拾がつかなくなるといったことも起こってくる。

発見学習を取り入れる際の注意点

- それにふさわしい内容を選ぶ。
- 適切な問いを設定する。
- 適切なヒントや予備知識を与える。
  そこで重要な役割を担うのが先行オーガナイザー（次節参照）

8.2　有意味受容学習

8.2.1　受容学習と有意味受容学習

　発見学習の対極に位置づけられるのが**受容学習**です（表8-2）。これは，教師の説明を中心とする授業のことで，与えられる知識を学習者が受容する形式を指します。

　発見学習のように適した学習内容が限られるというようなことはなく，どんな内容でも学習者に伝えることができ，発見学習のように時間がかかりすぎるということもなく，児童・生徒といった学習者主導により見当違いの方向に進んでしまうこともなく，非常に効率的な学習法といえます。

　ただし，受容学習では，教師の説明をひたすら聞くといった受け身の立場に置かれやすく，学習者の動機づけがよほど高まっていない限り，心ここにあらずといった状態になりがちで，能動的な学びになりにくいという短所もあります。

　このような受容学習は，その効率のよさゆえに，多くの学校で行われていますが，オーズベル（1963）は，ひと口に受容学習といっても，それは機械的学習と有意味受容学習に区別できるとし，学校教育においては後者の有意味受容学習を重視すべきであるとしました。

　機械的学習とは，歴史の年号，漢字，英単語などの暗記のように，機械的に行う学習のことです。一方，**有意味受容学習**とは，歴史的事件の意味を理解したり，理科や数学の公式の意味を理解したりするときのように，意味を考えながら理解を深めていく学習のことです（表8-2）。

8.2.2　先行オーガナイザー

　オーズベル（1960）は，有意味受容学習を効果的に行うために必要な要素として，先行オーガナイザーを重視しています。新しいことを学習する際に，いきなり知らないことを言われてもなかなか理解できず，無理やり吸収しようとしても，頭の中でうまく整理できません。それでは効果的な学習にならないため，先行オーガナイザーが威力を発揮します。

表8-2 **有意味受容学習とは**

受容学習……教師の説明を中心とする授業。

与えられる知識を学習者が受容する。

非常に効率的な学習法だが，学習者が受け身になりがち。

動機づけを高め，能動的な学びになるような工夫が必要。

オーズベルによる受容学習の区別

受容学習┬**機械的学習**……歴史の年号，漢字，英単語などの暗記のように，機械的に行う学習のこと。

└**有意味受容学習**……歴史的事件の意味を理解したり，理科や数学の公式の意味を理解したりするときのように，意味を考えながら理解を深めていく学習のこと。

有意味受容学習を効果的に行うために必要な要素として先行オーガナイザーを重視。

先行オーガナイザー……新しい学習内容を，学習者がすでにもっている知識と関連づけるための情報のこと。

学習者の認知構造と新たな学習内容の橋渡し。

　先行オーガナイザーというのは，新しい学習内容を，学習者がすでにもっている知識と関連づけるための情報のことです（**表8-3**）。新たな学習に先立ってこれを提示することで，学習者の認知構造と新たな学習内容の橋渡しができます。先行オーガナイザーの提示は，とくにワーキングメモリの小さい児童・生徒の学習を促す効果をもつことが確認されており（水口・湯澤，2020），落ちこぼれを防ぐ教育に威力を発揮しますが，ごく一般の児童・生徒にも有効です。

　先行オーガナイザーには，説明オーガナイザーと比較オーガナイザーがあります。

　説明オーガナイザーとは，これから学習する内容を概観する情報のことで，授業の最初にわかりやすく提示します。これにより，学習者はこれから何を学ぶのかがわかり，心構えができるため，その後の説明が頭に入りやすくなります。

　比較オーガナイザーとは，これから学習する内容と学習者がすでにもっている知識の類似点や相違点に関する情報のことです。これを提示することで，学習者はすでにもっている知識と照らし合わせながら説明を聞けるため，新たな学習内容の理解が促されます。

　大村（1977）は，これらに加えて**図式オーガナイザー**というものを提唱しています。それは，これから学習する内容の概略を図解して示すものです。それによって学習者の理解を促進することができます。聞いただけでは理解しにくい内容の場合，図解することでわかりやすくなるといった効果が期待されます。

　図式オーガナイザーを駆使するのは，読解力の乏しい学習者にとっては非常に効果的な方法といえますが，ふつうの読解力をもつ学習者があまりに図解に頼りすぎると，授業が読解力の鍛錬の場にならず，読解力の発達に支障が出る可能性も考えられます。近年，児童・生徒の読解力の低下が指摘されていますが，教科書の文章や教師による口頭の説明だけでは十分理解できないといった傾向を助長する面があることも懸念されます。

表8-3　先行オーガナイザー

説明オーガナイザー……これから学習する内容を概観する情報のこと。
　　　　　　　　　　　　授業の最初にわかりやすく提示する。

　学習者はこれから何を学ぶのかがわかり，心構えができる。

比較オーガナイザー……これから学習する内容と学習者がすでにもってい
　　　　　　　　　　　　る知識の類似点や相違点に関する情報のこと。

　学習者はすでにもっている知識と照らし合わせながら説明を聞ける。

図式オーガナイザー……これから学習する内容の概略を図解して示すもの。

　読解力の乏しい学習者にとっては非常に効果的な方法。

　ただし，学習者があまりに図解に頼りすぎると，授業が読解力の鍛
錬の場にならず，読解力の発達に支障が出る可能性も。

8.2.3　発見学習と有意味受容学習の組合せ

　近年，発見学習の効用にとらわれるあまり，「教えない教育」が教育界に広がってきました。知識や理論を提示し，解説するなど，教えると受動的な学習になってしまう，能動的な学習にするには教えてはいけない，などといわれることがあり，そこから「教えない教育」に徹する教員も出てきたのです。しかし，それは能動的な学びということを取り違えているように思われます。

　市川（2017）も，教えない教育の弊害について指摘しています。市川によれば，学習相談室にやってくる児童・生徒たちの悩みで最も多いのが「授業がわからない」というもので，その理由が「教えない教育」にあるとします（コラム8-1）。そこで市川は，「教えて考えさせる授業」を提案することになったといいます。深谷たち（2017）によれば，市川の「教えて考えさせる授業」とは，学習目標となる知識・技能が明確である習得型の授業枠組みとして提案されたもので，以下の4つの段階から構成されます。

①**教師からの説明**……習得が目指される基本的な内容を，教材や教具を工夫しながら教師がわかりやすく対話的に説明する。

②**理解確認**……児童・生徒がほんとうに教師の説明内容を理解したかを確かめるため，学んだことを児童・生徒自身が説明し合うなどの活動を行う。

③**理解深化**……児童・生徒が誤解しそうな課題や知識の活用を求める課題に対して，協同的で発見的な学習を行う。

④**自己評価**……児童・生徒が授業でわかったこと，わからなかったことをまとめ，授業を振り返る。

　児童・生徒も学生も，何の知識もなく考えるように言われても，十分に考えることができないこともあるでしょう。教科書や資料を読んで自分で考えるように言われても，だれもが自分で読んだだけで深く理解し吸収できるわけではありません。知識も経験も豊富な教員がわかりやすく解説することで，学習者は知識を深く理解し，それを思考の道具として使うことができるようになるのです。「教えない教育」では，自分で自由に考えるように言われても，思考の道具として使える知識が乏しく，そのため自分の経験を抽象化することができないため，十分に考えることができません。みんなで自由に話し合うように言

コラム8-1　教えない教育の弊害

　小・中・高校生の学習についての悩みで最も多いのは「授業がわからない」というものだということを踏まえて，市川はつぎのように言います。

　「（前略）なぜ，授業がわからない子どもがこれほど多いのか。最初，私はてっきり，いわゆる『教え込み』『詰め込み』の授業を受けているからだろうと思っていた。つまり，『過密カリキュラム』といわれるようなたくさんの内容を，教師が次々に解説的に教えていくために，子どもは消化不良になり，授業がわからないと言い出すのだろうと。

　ところが，来る子どもに『なんで授業がわからないの』と聞いてみると，『先生が授業で教えてくれないから』という答えが返ってくることが1990年代を通じてしだいに増えているように感じた。『自分で考えてみましょう』『いろいろな考えを出し合いましょう』『みんなで話し合って考えましょう』という自力解決，協働解決の時間がやたらに多くとられ，先生がきちんとわかりやすく説明してくれない，と子どもが訴えるのである。そして，今日は何をやったのか，自分は何がわかったのかが釈然としないまま授業が終わり，それがどんどん蓄積していくのだという。」（市川 伸一（編著）『授業からの学校改革』図書文化社）

われても，各自の知識も不足し思考も深まらないのでは，生産的な場になり得ません。

　能動的・主体的な学びを促進するためには，まずは深い思考を可能にするような豊かな知識を取り込むように働きかける必要があります。知識の取込みが深い思考につながらないとするなら，学習者の理解の仕方や思考スタイルに問題があるか，教育者の知識提示の仕方に問題があるかであって，知識を提示する教育が悪いということではないはずです。その意味では，有意味受容学習にも発見学習をうまく組み合わせる工夫が求められます。

8.3　メタ認知

　学習を効果的に進めるためにはメタ認知が重要な役割を果たすことがわかっています。メタ認知というのは，自分自身の認知過程についての認知のことです（表8-4）。

　たとえば，学習内容に関して，自分はちゃんと理解できているか，どこかでつまずいていないか，よくわからなかったのはどこかなどと振り返ったり，取り組んでいる問題に対して，自分は今どんな解法を用いているか，それはこの問題に有効だろうか，他に方法はないだろうかなどと振り返りつつ取り組んだり，間違った際には自分の手順のどこがまずかったか，何を思ってそういう間違いに至ったか，自分はどういう間違いをしやすいかなどと振り返ったりすることです。自己調整学習（本章8.5参照）は，メタ認知を活かした学習法の一種ということができます。

　そうしたメタ認知能力を高めることで学習が促進されることが示されています（デソーテとロイヤーズ，2006；クラマルスキー，2004；岡本，1992；パリンクサーとブラウン，1984；多鹿たち，2007）。メタ認知が学習を促進する重要な役割を担っていることから，メタ認知の育成法についても多くの研究が行われています（ドミノウスキー，1998；ハートマンとスタンバーグ，1993；岡部，2001；重松たち，1989；諏訪，2005；吉野・島貫，2019）。

表 8-4　学習を促進するメタ認知

メタ認知……自分自身の認知過程についての認知のこと。

自分はちゃんと理解できているか，
どこかでつまずいていないか，
よくわからなかったのはどこか，などと振り返る。

自分は今どんな解法を用いているか，
それはこの問題に有効だろうか，
他に方法はないだろうか，などと振り返りつつ取り組む。

間違った際には
自分の手順のどこがまずかったか，
何を思ってそういう間違いに至ったか，
自分はどういう間違いをしやすいか，などと振り返る。

8.4 協同学習とプログラム学習

8.4.1 ジグソー学習

　人に説明することによって教科内容などの理解が深まることがわかっています（伊藤・垣花，2009；小田切，2016）。教師が教室の児童・生徒に授業内容を解説する，最も一般的な授業形態である一斉授業においても，班学習などの協同学習を組み込むことは，以前からよく行われてきましたが，そうした共同学習の中でも独特なやり方をとるものにジグソー学習があります。

　ジグソー学習とは，アロンソンたち（1978）が考案したもので，班の各メンバーがそれぞれ違ったテーマについて調べ，ジグソーパズルを完成させるときのようにそれをもち寄り，1つの大きなテーマに統合していくものです。

　まず，図8-1のように，児童・生徒をいくつかの班に分けます。各班の各メンバーに1〜5のテーマを与えます。与えられた1〜5のテーマ番号ごとに新たな班を結成し，班ごとにそれぞれのテーマについて調べたり話し合ったりします。たとえば，テーマ1「主な環境問題」に割り振られた者は，主な環境問題について調べます。テーマ2「環境問題への対処行動」に割り振られた者は，さまざまな環境問題に対してとられている対処行動について調べます。テーマ3「人々の環境意識」に割り振られた者は，意識調査のデータや環境意識に関する記述などを調べます。そのような活動をした後，もとの班に戻り，みんなが知識をもち寄って，たとえば，この例でいえば環境問題についての知識や考えをまとめます。その際，各メンバーは，自分が取り組んだテーマの専門家として班の他のメンバーたちに自分が調べたことや考えたことを説明することによって理解を深めるとともに自信を得ます。もちろん，それはうまくいった場合のことです。

　ジグソー学習は，もともとは教え合うことで人間関係をよくするために用いられた方法ですが，学習を促進する効果もあることがわかっています。

8.4.2 プログラム学習

　プログラム学習とは，学習内容が細かく分割され，小単位の学習内容を習得

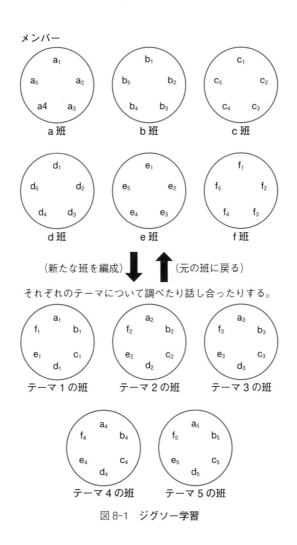

図 8-1　ジグソー学習

しながら徐々に水準を上げていく学習法です。学習者の習熟度に合わせて課題をこなしていくことで学習内容を着実に習得できるように課題が配列されています。

　通常の一斉授業では，教師は多様な学習者の学力や理解度に合わせて授業を進めることは不可能で，平均的な水準を想定して進めるしかありません。それに対して，プログラム学習では，学習者がきちんと理解できたら先に進むことになるため，各自が自分の学力や理解度に応じて，自分のペースで学習を進めることができます。プログラム学習は，道具的条件づけ（第 7 章参照）の提唱者であるスキナーによって開発された学習法で，動物の自発的行動を餌を用いて強化することでより高次な行動を獲得させるシェーピングの発想を人間の学習に応用したものです。この場合，餌の代わりに正解のフィードバックが強化子になります。プログラム学習は，**表 8-5** のような基本原理を前提としています。

　このところ大いに注目されているプログラム学習ですが，人間関係を重視し，人間関係による動機づけによって頑張る傾向が強い日本文化においては，このようなアメリカ式をそのまま受け入れるのがよいのかどうか，慎重な検討が必要であると思われます（**コラム 8-2**）。どのような学習方法も一定の文化的背景のもとで生み出されたものです。そこには人間観や教育観といった価値観が深く刻まれています。したがって，新たな学習方法を導入する際には，文化的背景に合わせた修正が必要でしょう。

8.5　自己調整学習

　自己調整学習とは，学習方法を変更したり，学習目標を修正するなど，学習過程を学習者自身が調整しながら主体的に学習を進めていくことを指します。

　ジマーマン（1986, 1989）によれば，自己調整学習においては，学習者がメタ認知，動機づけ，行動制御という 3 つの過程に能動的に関与することで，効果的な学習になっていきます（**表 8-6**）。これには第 5 章で解説した実行機能が深くかかわっています。

表 8-5 プログラム学習の基本原理

①積極的反応の原理
　学習者が自発的に課題に取り組み反応することで学習が進んでいく。
②スモールステップの原理
　学習目標に到達するまでの過程をいくつかのステップに小刻みに区切り，
　徐々に課題が難易度を増していくように仕組まれている。
③即時フィードバックの原理
　学習者の反応に対して即座に正誤が知らされる。
④自己ペースの原理
　学習者が自分の理解度に合わせて学習を進めることができる。

コラム8-2　プログラム学習は犬のしつけ？

　「教育方法をどうするかということには，心理学的な有効性だけでなく，私たちのもつ価値や歴史的な伝統も深くかかわりますし，（中略）教育方法には，日本人として生きてきてこうすべきだ，これでいいのではといった伝統や信念が大きくかかわってきます。伝統や古くからの信念をいけないと否定できるものではありません。

　日米の母親を比較研究していたとき，両国の母親の子どもの教え方には対照的なものがみられました。アメリカの母親は組織的にキチンキチンとちょうどプログラム学習のような教え方をする，これに対して日本の母親は，いわば子どもに学習してほしいという思いのたけを伝えているうちに，子どもはうまくやれるようになってしまう，そんな感じの教え方でした。この２つをみていると，教え方としてアメリカの母親のほうが上手でいいようにみえます。

　ところが，ある日本の母親がアメリカの母親のやり方を見て，これは犬を教えるやり方だ，人間を教えるやり方ではない，そういうふうにはやりたくないと感想をもらしました。ここには日本の育児文化，——教える—教わるということの文化が背景にあると思います。つまり教育の方法というものは，歴史的文化的なものを担っているのです。」

（東　洋（著）柏木惠子（編）『教育の心理学』有斐閣）

1. メ タ 認 知

　自分自身の学習の成果や進み具合をモニターし，目標通り順調に進んでいることを自己評価しながら，学習目標や学習方法を調整していきます。つまり，自分の学習活動をたえず点検し，より効果的な学習を進めていくために，必要に応じて修正します。

2. 動 機 づ け

　自己調整学習の重要な要素に自己決定・自己強化があります。自己決定理論については動機づけに関する第 9 章で解説します。また，第 7 章の自己強化学習のところで解説したように，バンデューラ（1977）は自己調整モデルにおいて，満足感や不満感といった自己評価反応によって多くの人は行動を制御している，としています。つまり，自己評価反応が自己強化の強化子となっているとみなします。竹綱（1984）も，自己採点による自己評価反応が動機づけ効果をもち学習を促進することを確認しています。

3. 行 動 制 御

　なかなか理解できないときは集中力をよりいっそう高めたり，学習時間を増やしたりすることで習得を目指し，容易に理解できるときは学習時間を減らして先に進むなど，学習者自身が学習行動を制御します。

8.6　適性処遇交互作用

　効果的な教育方法を求めてさまざまな工夫が行われていますが，それぞれの効果は学習者によって異なり，だれにでも同じように効果的な方法などありません。なぜなら学習者には能力的にも性格的にも多様な個性があるからです。そのことを指摘し，学習者の個性に応じた教育の必要性を唱えたのがクロンバックです。クロンバック（1957）は，学習者の個性によって教育の効果が異なる現象を適性処遇交互作用と名づけました（表 8-7）。

　スノーたち（1965）は，大学生を対象として，映像によって教える授業と生身の教員が教える授業のどちらが効果的かを検討しています。その結果，全体としては両者の間に成績の違いはみられませんでした。ところが，学生の対人

表 8-6　　自己調整学習の 3 つの過程

①メタ認知

　自分自身の学習の成果や進み具合をモニターし，目標通り順調に進んでいることを自己評価しながら，学習目標や学習方法を調整していく。

②動機づけ

　自己決定および自己評価によって動機づけを高める。

③行動制御

　自分にとっての難易度に応じて学習時間を増減させたり，必要なときには集中力を高めたりして，学習行動を自己制御する。

表 8-7　　適性処遇交互作用を前提に考慮すべき個性の違い

適性処遇交互作用……学習者の個性によって教育の効果が異なること。

　対人的積極性の高い児童・生徒と低い児童・生徒。

　自己主張の強い児童・生徒と弱い児童・生徒。

　人と話すのが好きな児童・生徒と人と話すと気疲れする児童・生徒。

　意味理解志向の強い児童・生徒と弱い児童・生徒。

　理解力のある児童・生徒と理解力の乏しい児童・生徒。

　学力の高い児童・生徒と低い児童・生徒。

的積極性の高低を考慮に入れて検討したところ，対人的積極性の高い学生たち
は教員が教えた場合のほうが成績が良く，対人的積極性の低い学生たちは映像
で教えた場合のほうが成績が良いことがわかりました。このように学習者の個
性によって効果的な授業が異なるのです。

　最近は，共同学習を多く取り入れ，話し合いや発表をさせる傾向があります。
しかし，それはアメリカ人のように自己主張が強く，おしゃべりが大好きでじ
っとしていられない学習者にとっては効果的かもしれませんが，人に非常に気
をつかう日本人にとって効果的かどうかは検討を要します。とくに人と話すの
が苦手で，人といると気疲れする学習者の場合は，教員の説明中心の受容学習
のほうが落ち着いて学習に取り組めるでしょう。

　学習に対する姿勢も教育効果に影響します。前もって教科書を読んでおく予
習は，先行オーガナイザーとして機能することが期待されます。ただし，篠ヶ
谷（2008）は，予習が歴史の出来事の背景にある因果関係の理解に効果をもつ
ことを確認するとともに，予習の効果が学習者の学習に対する姿勢によって異
なることを見出しています。すなわち，適性処遇交互作用を検討した結果，予
習は意味理解志向の高い学習者には効果的でしたが，意味理解志向が低い学習
者にはあまり効果がありませんでした。当たり前のことともいえますが，理解
しようという意欲が高くないと，せっかくの予習も先行オーガナイザーとして
うまく機能することはないようです。さらに篠ヶ谷（2015）は，予習時に史実
の背景を問うような質問を作成させることで，意味理解志向が低い学習者にも
授業内容の理解を促進する効果があることを確認しています。

　また，日本ではどちらかというと落ちこぼれを出さない教育に価値が置かれ，
丁寧な教育が行われています。それは教科の学習内容に習熟していない学習者
には効果的かもしれませんが，予習段階で容易に習熟してしまう学習者にとっ
ては物足りず退屈なものになっている可能性もあります。他方で，学力が低い
学習者にとっては，多くの学習者にとって効果的な授業も，意味不明のものに
なっている可能性もあります。そこで，適性処遇交互作用の見地から求められ
るのは，学習者の習熟度に応じてクラス編成を行い，学習者の個性に応じた授
業が行われることではないでしょうか。

学習の動機づけ

9.1　達成動機

9.1.1　達成動機とは

　動機づけというのは，人を行動に向かわせる心理傾向のことで，モチベーションという英語がそのままカタカナで広まっています。動機づけがもともと高い人もいれば低い人もいますが，それにはこれまでの人生経験が影響しています。困難を乗り越えて物事を成し遂げたいという欲求を**達成動機**といいますが，人間の欲求について整理したマレー（1938）は，達成動機について，つぎのように説明しています。

- **その目的**……難しいことを成し遂げること。できるだけ迅速に，できるだけ人手を借りずにすること。障害を克服して高い水準に到達すること。自己を超克すること。他者との競争に勝つこと。才能を有効に用いて自尊心を高めること。

- **行動特徴**……困難なことを成し遂げるために努力をし続ける。遠大な目標に向かって働く。何としても勝とうとする。何ごともうまくやろうとする。他者によって競争意識を刺激される。競争を楽しむ。意志の力を発揮する。倦怠感や疲労感をなくそうとする。

　達成動機の高さを測定するための質問項目として，マレーは10項目をあげています（表9-1）。これらの項目が当てはまるほど達成動機が高いことになります。達成動機の高さにはこれまでの人生経験が色濃く反映されていますが，経験によって違ってくるということは，これからまだまだ変わる可能性があるということでもあります。

9.1.2　成功追求動機と失敗回避動機

　リスクを怖れず難題にチャレンジする無謀とも思えるほど積極的な人がいるかと思えば，なかなかリスクをとる覚悟ができない慎重な人もいます。その違いはどこにあるのでしょうか。そこにはどんな心理メカニズムが働いているのでしょうか。それについて検討する前に，私たちの心の中にある「失敗を怖れる心」の影響について考えてみましょう。

表 9-1　**達成動機のチェックリスト**（マレー，1938 の表現を部分的に修正）

①たえず努力を続けている。

②人生において大きな業績を残すことが何より大切なことだと思う。

③仕事上で大きな成果を出したときに気持ちの平安と自信が得られる。

④無理な計画を立て，その達成に向けて努力するほうだ。

⑤将来を夢みるよりも，目の前の仕事に全力を傾けるほうだ。

⑥切羽詰まってくると，自分の仕事に集中するあまり，他人への配慮が
　おろそかになりがちなところがある。

⑦価値ある仕事をうまく成し遂げたときに，はじめて心から安らぐこと
　ができる。

⑧何かにつけて競争心を刺激されるほうだ。

⑨何かにつけて納得のいく結果が得られるまで頑張り続けるほうだ。

⑩仕事も遊びと同じように楽しい。

　アトキンソンは，達成動機に対して回避動機というものを想定し，この２つの力関係によって課題遂行への姿勢が決まると考えました。達成動機が成功を追求しようとする動機とすれば，回避動機は失敗を回避しようとする動機のことです（図9-1）。

　動機づけというと課題達成への意欲ばかりを思い浮かべがちですが，**成功追求動機**だけでなく**失敗回避動機**をも考慮に入れて，アトキンソンは図9-2のような動機づけの公式を提起しています。つまり，何らかの課題（任された仕事など）に対する動機づけの高さは，本人がもともともっている達成動機の水準だけで決まるのではなく，その課題を達成できる確率とその課題を達成することのもつ魅力によって決まるというのです。もちろん，達成できる確率というのは正確にはわからないので，これは本人が予想する主観的な成功確率です。これが高ければ成功追求動機が刺激され，動機づけが高まりますが，これが低いと失敗回避動機が刺激され，動機づけが低下します。つまり，成功確率が高いほど，うまくいった場合の魅力度が高いほど，動機づけは高まることになります。

　そこで大切なのが，課題達成の魅力度を感じさせること，そして成功確率が高いと思えるように導くことです。そのためには，できるようになることの効用を説くこと，そして知識の吸収やスキルの上達のためのヒントを与えたりして「やればできる」という気持ちを鼓舞することが有効でしょう。

9.2　外発的動機づけと内発的動機づけ

9.2.1　外的報酬と内的報酬

　条件づけの原理のように，人間も外から与えられる報酬や罰によって新たな行動を学習する動機づけが高まることがあります。ただし，人間には報酬や罰による強化がなくても自ら動く側面もあります。そこで注目されるようになったのが内発的動機づけです。

　マレー（1964）は，探索行動や遊びのように，何ら外からの報酬がなくても，活動それ自体のためにとられる行動に着目し，動機づけを外発的動機づけと内

図 9-1　達成動機の 2 側面

課題達成に向けて喚起されるモチベーション

＝達成動機 × 成功確率 × 課題達成の魅力度

図 9-2　成功確率，課題の魅力とモチベーション

発的動機づけに区別する必要があるとしました。外的報酬によってやる気にさせることを**外発的動機づけ**，活動そのものが目的となっているため外的報酬なしでも自発的に行動することを**内発的動機づけ**といいます。その場合，活動に従事することで好奇心が満たされたり充実感が得られたりすることが内的報酬になっていると考えられます（デシ，1975；図 9-3）。

　デシ（1980）は，内発的に動機づけられた行動とは，人がそれに従事することにより，自分自身を有能で自己決定的であると感じられるような行動であると言います。

　たとえば，ごほうびをもらおうと思って勉強する場合や良い成績をとりたいと思って勉強する場合は，外からの報酬を得るために勉強するので，外発的動機づけによる行動ということになります。それに対して，遊んだり，趣味やスポーツを楽しんだりする場合は，外からの報酬を得るための手段として行動しているのではなく，活動そのものが目的となっており，それは内発的動機づけによる行動ということになります。

　勉強が楽しいと感じるためには，内発的動機づけを刺激するのが有効です。そこで，熟達感，成長感，充実感，達成感，好奇心などが満たされるような工夫が必要となります。熟達感や成長感を感じさせるためには，前はできなかったことができるようになりつつあるということに目を向けさせるような言葉がけや，できることが増えてきていることが実感できるような仕組みをつくるのが効果的です。目標を設定して挑戦させることは，充実感や達成感につながります（図 9-4）。

9.2.2　アンダーマイニング効果

　勉強に対する動機づけの乏しい児童・生徒が少なくないとしたら，良い成績をとるとか親からごほうびをもらうといった外発的動機づけによって勉強することで，勉強する楽しみが感じられなくなっている可能性があります。そのことを証明しようと考えたのがデシです。

　デシ（1971）は，おもしろいパズルをたくさん用意して，パズルの好きな大学生に自由に解かせるという，3 日間にわたる実験を行っています（コラム 9

外発的動機づけ……外的報酬によりモチベーションを高めること。

内発的動機づけ……内的報酬によりモチベーションを高めること。
↓
　　　　　　　　活動そのものが報酬の源泉となり，外的報酬なし
　　　　　　　　でもモチベーションが高まる。

図 9-3　**外発的動機づけと内発的動機づけ**

外的報酬……成績，ごほうびなど
　　　　　　（社会人の場合は，給料・賞与，昇進など）
　　　　　　　　↓
　　　　　　勉強は良い成績やごほうびを得るための手段となる。

　　　　　　　他者によって与えられるものによって動く
　　　　　　　　　　＝自己決定的な行動ではない

内的報酬……熟達感，成長感，充実感，達成感，好奇心など
　　　　　　　　↓
　　　　　　勉強することが熟達感や成長感，充実感，達成感を生み
　　　　　　出したり，好奇心を満たしたりする。

　　　　　　　自分の心の中で感じるものによって動く
　　　　　　　　　　＝自己決定された行動

図 9-4　**外的報酬と内的報酬**

-1)。その結果，パズルを1つ解くたびに金銭報酬をもらえるという経験をしたグループにおいて，金銭報酬が出ないときにパズル解きへの動機づけが低下することがわかりました。

　もともとはみんなパズルを解くのを楽しむ人たちで，その達成感が内的報酬となっており，パズルを解くこと自体が目的となっていました。つまり，パズルを解くのは内発的に動機づけられた行動でした。ところが，パズルを解けたらお金をもらえるという経験をすることによって，パズルを解くことは外発的に動機づけられたものになり，お金をもらうための単なる手段となってしまったのです。

　パズルを解くことは，金銭報酬をもらうことによって，内発的に動機づけられた行動から外発的に動機づけられた行動へと変質したと考えられます。その証拠に，お金がもらえないときに自発的にパズルを解くことが少なくなったのです。これは，外的報酬がないために動機づけが低下したことを意味します。

　ここからわかるのは，もともと自発的に行っていたことであっても，外的報酬を与えられることによって内的報酬が機能しなくなり，やらされているといった感じになり，外的報酬が与えられないとやる気がしなくなってしまうということです。これをアンダーマイニング効果といいます。

9.2.3　自己決定の感覚

　このような知見が広まることで，教育界にも内発的動機づけが重要だという認識が定着してきました。しかし，外発的動機づけによって勉強することを頭から否定することはできません。何らかの報酬を得るために勉強を頑張るのが外発的動機づけであり，勉強すること自体に魅力を感じて頑張るのが内発的動機づけだとすると，たとえば入試のために頑張って勉強したり，資格取得のために頑張って勉強したりするのは，勉強そのものが楽しいというよりも，入試や資格取得のための手段として勉強を頑張るのであり，外発的動機づけによって動いているといえるかもしれません。ただし，良い成績をとったらごほうびをあげると親から言われて仕方なく勉強している場合と比べると，かなり動機づけが高く，しかもそれが持続するように思われます。さらには，外発的動機

コラム9-1 アンダーマイニング効果を実証した「パズル解き」実験

　デシは，パズル好きの大学生にパズルを自由に解かせる実験を行いました。その際，A・Bの2グループが設定されました。

　1日目は，両グループともただ好奇心のおもむくままにいろんなパズルを解きます。

　2日目は，Aグループのみ，パズルが1つ解けるたびに金銭報酬が与えられました。Bグループは，前日同様ただ好きに解くだけでした。

　3日目は，両グループとも1日目同様ただ好きなように解くだけでした。つまり，Bグループに割り当てられた人は，3日間とも興味のままにパズルを解いて楽しんだのですが，Aグループに割り当てられた人は，2日目のみパズルを解けるたびにお金をもらえるという経験をしたわけです。

　3日間とも，合間に休憩時間をとり，実験者は8分間いなくなり，その間は何をしていてもよいと告げました。この自由時間に自発的にパズルを解き続けるかどうかを調べることが，この実験の目的でした。

　その結果，Aグループのみ，3日目にパズル解きへの意欲の低下がみられました。つまり，金銭報酬をもらうためにパズルを解く経験をすることによって，パズル解きそのものを楽しむことができなくなってしまったと考えられます。

図9-5　アンダーマイニング効果の実験

づけによって勉強しているうちに，勉強が楽しくなるというのもよくあること
です。

　そこで着目したいのは，「やらされ感」が強いか，自発的に取り組んでいる
感じが強いかという点です。勉強そのものを楽しむということでなく，何か別
の目的のために勉強しているのであっても，人から報酬や罰をちらつかされて
仕方なく取り組んでいるのと，自ら選んだ目標のために取り組んでいるのとで
は，動機づけのあり方がまったく異なるはずです。「やらされ感」というのは，
デシによる自己決定の感覚と裏腹の関係にあります。

　では，他の目的のための手段として勉強をすることで，勉強が嫌いになる場
合と勉強が楽しくなる場合では，何が違うのでしょうか。それは，他の目的の
ためといっても，嫌々やらされているのか，それとも自分が強く望んでやって
いるのかということです。そこをわかりやすく説明してくれるのが，ライアン
とデシ（2000a，2000b）による自己決定理論です。

9.2.4　自己決定理論

　自己決定理論では，手段としての行動（勉強や仕事など）を促す外発的動機
づけの中にも自己決定性が高いものがあることを認め，内発的動機づけと外発
的動機づけという2分法をとるのをやめます。そして，まったくやる気のない
状態（非動機づけ）と内発的動機づけの両極の間に，自己決定の度合いによっ
て何段階かに分けて外発的動機づけを位置づけます。

　図9-6のように，外発的動機づけを，まったくやる気のない状態に近い
「外的統制（外的動機づけ）」から内発的動機づけに近い「統合的動機づけ」ま
で4段階に分類しています。その間に「取り入れ的動機づけ」と「同一化的動
機づけ」が入ります。図の中で，左側から右側に行くに従って自己決定性が高
くなっていきます。これを勉強するときの動機づけに当てはめてみましょう。

　「非動機づけ」とは，無力感に苛まれ，まったくやる気になれない状態，つ
まり動機づけが欠如していることを指します。「外的統制（外的動機づけ）」と
は，外発的な動機づけで，自己決定の度合いがきわめて低く，親や教師から強
制されて仕方なく勉強するときの動機づけを指します。

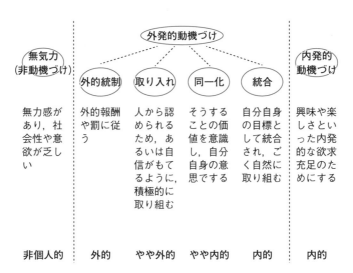

図 9-6　自己決定理論におけるモチベーションの分類
（ライアンとデシ，2000a，2000b）

　「取り入れ的動機づけ」とは，多少自己決定の要素があるものの，未だ外発的な動機づけといえ，人から認められたいから頑張るとか，恥をかきたくないから頑張る，成績を上げたいから頑張るなどという場合のように，承認や評価を意識して勉強を頑張るときの動機づけを指します。外発的に動機づけられた行動であるとはいっても，それによって知識が増えスキルが身につくなど力がついていくのであり，そのことが有能感や成長感を刺激し，内発的動機づけに近づいていくことも期待できます。

　「同一化的動機づけ」とは，自己決定の要素が強いという意味で内発的な動機づけに近く，将来役に立つと思って学ぶとか，自分の夢の実現のために頑張るという場合のように，自分のためになるといった思いによって勉強するときの動機づけを指します。自己目的的に楽しんでいるわけではなく，将来のためとか自分の成長のためなど，何らかの目的のための手段として頑張っているわけですが，それが習慣化することによって，とくに何かのためという意識も薄れていき，ごく自然に勉強を頑張っている，当然のように仕事に没頭しているというように，内発的動機づけによる行動のようになっていくことが期待できます。

　「統合的動機づけ」とは，自己決定の度合いが非常に強く，何かのためという意識はなく，自分にとって意味のあることだからということで無理なく自然に勉強を頑張るときの動機づけを指します。内発的動機づけにほぼ重なる状態といえます。

　「内発的動機づけ」とは，完全に自己決定的で，学ぶことが楽しい，知識が増えるのが嬉しい，わからないことがわかるようになるのが楽しい，できないことができるようになるのが楽しい，もっとできるようになりたいなどといった思いで勉強を頑張るときの動機づけを指します。

　だれでもどれか１つの動機づけのみによって動いているというような感じではなく，複数の動機づけによって動いていることが多いはずです。自分，あるいは児童・生徒がどのような動機づけを中心として勉強しているのかを理解するためにも，自己決定理論の枠組みで日頃の姿勢を振り返ってみるのもよいでしょう。

表 9-2　**動機づけタイプ別チェックリスト**（榎本，2015）

非動機づけ	①仕事中たいていあまりやる気がない。
	②一生懸命に働く気になれない。
	③人並みに仕事ができる気がしない。
外的動機づけ	①給料をもらうためだと自分に言い聞かせて頑張っている。
	②昇進のために頑張っている。
	③上司に叱られたくないから仕方なく頑張っている。
取り入れ的動機づけ	①周囲から認められたくて頑張っている。
	②仕事で恥をかきたくないから頑張っている。
	③同期に負けたくないから頑張っている。
同一化的動機づけ	①将来のために頑張っている。
	②将来の夢のために頑張っている。
	③自分の成長につながると思って頑張っている。
内発的動機づけ	①働くことが楽しくてしようがない。
	②知識が増えるのが嬉しいから頑張っている。
	③もっとできるようになりたいから頑張っている。

統合的動機づけは，ほとんど内発的動機づけと重なり，区別するのが難しいため，このチェックリストでは，非動機づけ，外的動機づけ，取り入れ的動機づけ，同一化的動機づけ，内発的動機づけの5つの動機づけについて，チェック項目をあげています。

その際に便利なように榎本（2015）が作成した動機づけのタイプごとのチェックリストが表9-2です。

9.3　熟達目標と業績目標

9.3.1　2種類の達成目標

　勉強に取り組む際に，目標のもち方には人によって癖があります。それが学習の成果にも関係してきます。

　たとえば，江戸時代から明治時代への移行期の歴史について学ぶにしても，「日本の江戸時代から明治時代への移行期の歴史についてもっと深く理解したい」という目標をもつ場合と，「日本史の試験で良い成績をとりたい」という目標をもつ場合とでは，学ぶことに対する姿勢がずいぶん違う感じになります。それは，熟達することを重視するか，業績を上げることを重視するかの違いといえます（図9-7）。

　そこで参考になるのは，ドゥウェック（1986）の**達成目標理論**です。ドゥウェックは，達成目標には熟達目標と業績目標の2種類があるとします。

　熟達目標とは，学習内容をしっかり理解し吸収して，その領域に熟達し，能力を高めようという目標のことです。一方，**業績目標**とは，業績を上げて自分の能力を肯定的に評価されたい，あるいは否定的な評価を免れたいという目標のことです。

　したがって，熟達目標をもつ人は，自分の能力向上や成長を求め，業績目標をもつ人は，自分の能力の評価にこだわるといってよいでしょう。

9.3.2　達成目標と知能観

　ドゥウェックは，どちらの目標をもつかは，本人が無意識のうちに抱いている知能観によって決まるといいます。すなわち，知能というのは固定的なものであるとみなしている場合は，自分の能力を肯定的に評価されたいという業績目標をもちやすく，知能というのは鍛えることで向上するものであるとみなしている場合は，自分の能力をもっと向上させたいという熟達目標をもちやすい

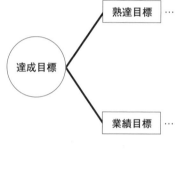

達成目標

熟達目標 ……学習内容をしっかり理解し吸収して，その領域に熟達し，能力を高めようという目標のこと。
↓
自分の能力向上や成長を求める。

業績目標 ……業績を上げて自分の能力を肯定的に評価されたい，あるいは否定的な評価を免れたいという目標のこと。
↓
自分の能力の評価にこだわる。

図 9-7　**熟達目標と業績目標**

というのです。ドゥウェックは，一連の研究をもとに，図9-8のようなモデルを提起しています。

まず無意識のうちにどんな知能観をもっているかによって，熟達目標をもつか業績目標をもつかに分かれます。

知能固定観，つまり知能というのは固定的で変わらないと信じている人は，業績目標をもちやすいといえます。知能は努力では変えられないと信じているために，能力向上を目指すよりも，能力を高く評価されることを求めるのです。一方，知能漸増観，つまり知能は鍛えることで向上すると信じている人は，熟達目標をもちやすいといえます。知能は努力によって向上させられると信じているために，現時点でどう評価されるかにこだわるよりも，もっと能力を向上させることを求めるのです。それが熟達志向の行動をもたらします。

業績目標をもつ場合でも，能力に自信があれば，熟達志向の行動がとれます。つまり，能力に自信があるので，もっと高く評価されるためにもっと熟達したいと思い，困難な事態でもチャレンジできるし，粘り続けられるのです。ただし，図の中には記されていませんが，自分の有能さを傷つけないようにせっかくの学習の機会を敬遠することもあります。業績目標をもちながら，能力に自信がない場合は，困難な事態では無力感に陥りやすく，すぐに諦めます。失敗を怖れて易しい課題を選んだり，逆に失敗してもダメージにならないようなだれもできそうにない難しい課題を選んだりします。

つまり，自信の有無に関係なく，業績目標をもつことは，ともすると防衛的な行動につながりやすいといえます。熟達目標をもつ場合は，能力に自信があってもなくても，熟達志向の行動をとることができます。つまり，困難な事態でも，それを学習の機会ととらえて，失敗を怖れずに積極的にチャレンジし，粘り続けることができます。そうすると，学習にあたっては業績目標でなく熟達目標をもつように促すことが大切だということになります。そのためには，課題を与える際に，結果よりも熟達を意識させるように留意する必要があります。

知能観	目標志向性	現在の自分の能力に対する自信	行動パターン
実体理論 ────▶（知能は固定的）	**業績目標**（目標は能力への肯定的評価の獲得。あるいは否定的評価の回避）	高い ───▶	熟達志向チャレンジし粘る
		低い ───▶	無力感チャレンジを避け粘れない
漸増理論 ────▶（知能は鍛えられる）	**熟達目標**（目標は能力向上）	高くても低くても	熟達志向チャレンジし粘る

図 9-8　**知能観，2 種類の達成目標と行動パターン**（ドゥウェック，1986）

9.4 原因帰属と学習性無力感

9.4.1 原因帰属

　何かで成功したときや失敗したときに，その原因を何に求めるかを**原因帰属**といいます。原因帰属の仕方は，人によって癖があります（図9-9）。

　たとえば，試験で良い成績がとれたときに，「自分は頭が良いんだな」と自分の能力のせいにする人は，サッカーでゴールできると「サッカーは自分に向いてるんだな」と自分の適性のせいにするなど，自分自身の内的要因に原因を求める習性を身につけているものです。これを**内的統制型**といいます。

　それに対して，試験で良い成績がとれたときに，「たまたまヤマが当たったんだ」と偶然のせいにする人は，サッカーでゴールできると「運良くボールが転がってきたなあ」と幸運のせいにするなど，自分以外の外的要因に原因を求める習性を身につけています。これを**外的統制型**といいます。

　一般に，外的統制型よりも内的統制型のほうが，勉強でもスポーツでも仕事でも成績が良いことがわかっています。成功や失敗の原因を自分自身の内的要因のせいにするほうが，うまくいったときには自信になり，ますます動機づけが高まるでしょうし，うまくいかなかったときにはどこがいけなかったかと振り返り，よりいっそう工夫をするようになると考えられるので，これは当然のことといえます。

　ただし，内的統制型なら何でもよいというわけではありません。同じく内的統制型でも，失敗すると一気に動機づけが低下する挫折に弱いタイプと，失敗しても動機づけが下がらない挫折に強いタイプがいます。その心理メカニズムの違いを解明したのがワイナーたちです。

　ワイナーたち（1972）は，自分自身の内的要因を，安定的な要因と変動的な要因に分け，安定的な要因として能力，変動的な要因として努力をあげました。そして，成功したときはどちらの要因にしてもよいのですが，失敗したときに努力不足という変動的な要因のせいにする人は動機づけを維持できるのに対して，能力不足という安定的な要因のせいにする人は動機づけを維持できないとしたのです（表9-3）。

内的統制型……自分の能力や努力といった内的要因に原因を求める認知の仕方を身につけていること。

外的統制型……運や課題の難易度など外的要因に原因を求める認知の仕方を身につけていること。

図9-9　原因帰属の2つのタイプ

表9-3　原因帰属の4つの要因（ワイナーたち，1972）

		安定性	
統制の位置		固 定 的	変 動 的
	内 的 統 制	能　　力	努　　力
	外 的 統 制	課題の困難度	運

ワイナーたちは，外的要因としての課題の困難度と運を安定性によって区別し，内的要因としての能力と努力を安定性によって区別しました。とくに重要なのは，能力と努力の区別です。すなわち，能力というのは急に変化することはありませんが，努力は突然急変することもあります。

たとえば，昨日まで能力が低かったり知識が乏しかったりしたのに，明日から急に能力が高くなったり知識が豊富になったりするようなことは，現実的に考えにくいでしょう。しかし，昨日までまったく努力していなかったのに，突然やる気に燃え，明日から見違えるほどの努力をするようになるというのは，十分あり得ることです。

成功したときは，「自分は能力があるからうまくいったんだ」（固定的）と受け止めても，「自分は努力したからうまくいったんだ」（変動的）と受け止めても，モチベーションの向上につながるでしょう。しかし，失敗したときは，「自分は能力がないからダメだったんだ」（固定的）と受け止めれば，能力というのはすぐには向上しないため「どうせダメだ」といった気持ちになりモチベーションは下がりますが，「自分は努力が足りなかったんだ」（変動的）と受け止めれば，「もっと努力すればつぎはうまくいくかもしれない」と思えるためモチベーションが上がります。

なぜなら，失敗したときに，「自分は能力がないんだ」と自分自身の内的かつ安定的な要因のせいにしてしまうと，能力というのは急に改善できるものではないため，そう簡単にうまくいくわけないと思わざるを得ないからです。一方，失敗したときに，「自分の努力が足りなかったんだ」と自分自身の内的かつ変動的な要因のせいにすれば，前回努力が足りなかった分，つぎは思い切り努力してみることも十分可能なため，何とかなるかもしれないと思えるからです。実際，失敗を能力不足のせいにする人はモチベーションが低く成績も悪く，失敗を努力不足のせいにする人はモチベーションが高く成績も良いことがわかっています。

9.4.2 学習性無力感と原因帰属再教育

セリグマンたち（セリグマンとメイヤー，1967；オーバーマイヤーとセリグマン，1967）は，イヌを対象とした実験により，自分の苦しい状況から何とか脱したいと思い，いくら頑張ってもどうにもならない状況を経験させることにより，無気力なイヌにできることを証明しました。そして，その無気力は生まれつきのものではなく経験により身につけられたものという意味で，**学習性無力感**と名づけました（セリグマン，1975）。

ドゥウェック（1975）は，8〜13歳の児童・生徒の中から極端に強い無力感をもつ子ども（失敗すると急にやる気をなくしてしまう）を選び，半数に成功経験法を，残りの半数には原因帰属再教育法を施しました。前者は常に成功するように易しい到達目標を設定するもので，後者は5回に1回の割合で失敗させ（到達不可能な基準を設定する），その際にもう少し頑張ればできたはずだと励まし，失敗の原因は自分の努力不足にあると思わせるやり方です。その結果，原因帰属再教育法においてのみ改善がみられました。成功経験法による治療教育を受けた児童・生徒は，うまくいっているうちはよいのですが，失敗すると成績が急低下する傾向に変化はありませんでした。

ここからわかるのは，無力感に陥っている児童・生徒に対しては，失敗すると「自分は能力はない」「自分はできないんだ」などと能力という安定的要因に原因を求める傾向を修正するような声がけが大切になるということです。

パーソナリティ

10.1　個人差への関心

　教室の児童・生徒を見ていると，一人ひとり顔が違うように，友だちとのかかわり方も，教師の働きかけに対する反応も，じつに多様であることを実感します。友だちに積極的に声をかけ，かかわっていく子もいれば，自分から声をかけることはなく，友だちが声をかけてくれるのを待っている子もいます。休み時間に元気よく校庭に飛び出していく子もいれば，教室の自分の席にじっと座っている子もいます。いつもにこやかに教師に話しかけてくる子もいれば，教師を前にするとガチガチに緊張して無口になる子もいます。授業中に積極的に手をあげ発言する子もいれば，指名されればきちんと発言できるのに自分から手をあげない子もいます。注意されるとすぐに反発する子もいれば，素直に反省する子もいます。このように，児童・生徒それぞれが個性をもっているので，できるだけ各自の個性をつかみ，それに応じた対応をする必要があります。

　また，同じ児童・生徒でも，状況によって様子が違います。馴染みの仲間と一緒のときは元気で伸び伸びしているのに，よく知らない別のクラスの子たちの中にいるときは緊張した様子で無口になる子がいたり，授業中はいかにも無気力な感じなのに，休み時間になると生き生きとしてくる子もいたりします。同じ人物でも状況によって違った顔を見せます。

　このように人によって行動のとり方が違っていたり，同じ人が状況によって行動のとり方が違っていたりします。でも，日頃から接していれば，そこには何らかの法則性があることに気づきます。そこで，想定されるのが個人の中にある法則性で，それを**パーソナリティ**と呼びます。これは日常用語で性格といっているものと同じです。

　パーソナリティをどのようにとらえるか，それはどのように発達していくのかといったことについては次節以降でみていくことにして，ここではパーソナリティの定義を示しておくことにします。

　パーソナリティ心理学をはじめて体系化したとされるオールポート（1937）は，パーソナリティのさまざまな定義を検討し，生物社会的定義と生物物理的定義を対比させています。前者は外見による定義で，パーソナリティとは他人

表 10-1　パーソナリティとは

- 個人によって行動パターンや感受性が違う。

- 同じ人物でも，状況によって様子が違う。

個人の中に何らかの法則性がある。
その法則性がパーソナリティである。

【パーソナリティとは】
一人ひとりの行動（思考や感情も含める）を決
定づける心身統一的な体制で，持続性・一貫性
をもつが，けっして固定的なものではなく，た
えず発展しつつあるもの。

の目に映るものであるとする見方です。後者は内在的な性質による定義で，パーソナリティとは他人による評価とは関係なく存在する本人そのものとする見方です。オールポート自身は後者の立場をとっており，表10-1のようにパーソナリティを定義しています。

　ここでは，パーソナリティとは，一人ひとりの行動（思考や感情も含める）を決定づける心身統一的な体制で，持続性・一貫性をもつが，けっして固定的なものではなく，たえず発展しつつあるものと定義することにします。

10.2　類型論と特性論

10.2.1　類型論

　人それぞれに個性があるとはいっても，似たような人もいれば，まったく違った人もいるものです。個人のパーソナリティを手っ取り早くとらえるには，似たようなパーソナリティをくくって，いくつかの似た者同士の集団にまとめるのが便利です。そこで打ち立てられたのがパーソナリティの類型論です。

　類型論とは，パーソナリティを質的に異なるいくつかの類型に分類し，それぞれの類型のパーソナリティ構造の違いを特徴づけるものです。類型論には，表10-2のような長所と短所があります。

1.　クレッチマーの類型論

　クレッチマーは，体格を細長型，肥満型，闘士型の3つに分類しました（図10-1）。そして，細長型と分裂気質，肥満型と循環気質（そううつ気質），闘士型と粘着気質の間に，それぞれ密接な関係があることを見出しました。

　分裂気質の基本は，表10-3の1.①に示されているような内閉性，つまり内的世界に生きるため現実との接触が乏しいことです。この内閉性を基調として，②の過敏性と③の鈍麻性が混合しているわけですが，その混合比は人によって異なります。

　循環気質の基本は，表10-3の2.①に示されているような同調性，つまり内的世界対現実世界といった対立がなく，現実をあるがままに受け入れ，ごく自然に周囲に溶け込むことです。この同調性を基調として，②のそう傾向と③

表 10-2　類型論の長所と短所

類型論	パーソナリティを質的に異なるいくつかの類型に分類し，それぞれの類型のパーソナリティ構造の違いを特徴づけるもの。
長所	どの類型に属するかを知ることで，その人のイメージが湧きやすい。
短所	多種多様な人間を少ない類型に分類するため，大雑把なとらえ方になる。

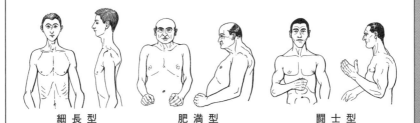

細 長 型　　　　　肥 満 型　　　　　闘 士 型

図 10-1　**クレッチマーによる 3 つの体格型分類**（クレッチマー，1955）

のうつ傾向が混合しているのですが，その混合比は人によって異なります。

　クレッチマーは，はじめは細長型と分裂気質，肥満型と循環気質という2つの気質の類型を打ち立てましたが，後に闘士型と関係の深い粘着気質についても言及しています。**粘着気質**の特徴は，言葉数が少なく控えめで，忍耐強く，注意力が持続し，感情の変化が乏しく，機敏さに欠け，鈍感なところにあります。つまり，堅さと変化のなさを基調とし，几帳面で融通がきかず，話が回りくどく，精神的テンポが緩慢で，ユーモアが乏しく，頑固で粘り強く，対人的繊細さに欠けるといった傾向を示します。こうした粘着性を基本として，ふだんは丁寧でおとなしいが，時に溜め込んだものを一気に吐き出すかのような興奮を示すといった爆発性を秘めています。

2. ユングの類型論

　フロイトの精神分析学の影響のもと，独自の分析心理学を発展させた精神医学者ユングは，心理療法においても大きな足跡を残しましたが，パーソナリティ論においても態度類型と機能類型という2つの類型を提唱しています。

(1) 態度類型（内向─外向）

　ユングは，フロイトとアドラーがどちらも神経症患者の治療に携わりながら，相いれない理論を構築したことをヒントに，人間には根本的に相反する2つの態度があるのではないかと考えました。フロイトは外的世界における人間関係を重視し，アドラーは内的世界における主観的傾向である劣等感を重視します。そこでユング（1921）は，客体を基準にして自らを方向づける態度を外向型，主観的要因を基準として自らを方向づける態度を内向型とする類型論を打ち立てました（表10-4）。

　外向型は，周囲の人物や事物に対する関心が強く，周囲の動向をもとに物事を判断します。自分の主観性を犠牲にして周囲に合わせるため，周囲とのあつれきは少なく，社会適応は良いものの，それが行きすぎると自己を見失うことにもなりかねません。このような外向型は，迎合的で気さく，どんな状況にもすばやく適応し，くよくよすることがないが，やや軽はずみなところがある，といった特徴をもちます。

　一方，**内向型**は，自分自身に対する関心が強く，外的諸条件よりも自分の中

表 10-3　クレッチマーの３つの類型の心理的特徴

1. 分裂気質……内的世界に生きて現実とあまり接触しない。

①基本的特徴　　：非社交的，もの静か，内気，きまじめ，変わり者。
②過敏性の特徴：引っ込み思案，臆病，繊細，傷つきやすい，神経質，興奮しや
　　　　　　　　すい，自然や書物に親しむ。
③鈍麻性の特徴：従順，お人好し，おとなしい，無関心，鈍感。

2. 循環気質……現実をあるがままに受け入れる。

①基本的特徴　　：社交的，思いやりがある，親切，気さく。
②そう状態の特徴：陽気，ユーモアがある，活発，興奮しやすい。
③うつ状態の特徴：もの静か，落ち着いている，くよくよ考える，柔和。

3. 粘着気質……頑固で粘り強く対人的繊細さに欠ける。

基本的特徴：堅い，頑固，粘り強い，変化が乏しい，精神的テンポが遅い，繊細
　　　　　　でない，粘着性の中に爆発性を秘めている。

表 10-4　ユングの態度類型

外向型……客体を基準にして自らを方向づける態度。

周囲の人物や事物に対する関心が強く，周囲の動向をもとに物事を判断。

　　　社会適応は良好。
　　　それが行きすぎると過剰適応になり，自己を見失う。

内向型……主観的要因を基準として自らを方向づける態度。

自分自身に対する関心が強く，外的諸条件よりも自分の中の主観的なものをもと
に物事を判断。

　　　社会適応に苦労しがち。
　　　自分流にこだわりすぎると社会的不適応になり，周囲とのあつれきが生じる。

の主観的なものをもとに物事を判断します。つまり，自分自身がどう感じ，どう思うかが大切なのです。それが行きすぎると社会的不適応に陥りがちです。このような内向型は，ためらいがちで内省的，引っ込み思案で容易に心を開かず，人見知りし，いつも受け身の姿勢で引きこもりながら周囲を用心深く観察しているといった特徴をもちます。

(2) 機能類型（感覚，思考，感情，直観）

ユングは，心理的機能を感覚，思考，感情，直観の4つに分類しました。感覚は何かがあることを，思考はそれが何であるかを，感情はそれにどのような価値があるかを教えてくれます。そして，直観は未知の状況に対処するのを助けてくれます（表10-5）。

思考と感情は対極をなしており，なかなか両立しにくいものとされます。ともに判断する機能であり，合理的機能とみなされますが，思考が論理的に判断するのに対して，感情は好き嫌いという観点から判断します。同様に，感覚と直観は対極をなしており，ともにあるがままをとらえる機能であり，説明不能であることから，非合理的機能とみなされます。感覚機能の発達した者は五感を用いた細かな観察によって現実をつかもうとするのに対して，直観機能の発達した者は目の前の事物を一瞥するだけで背後に隠れた可能性をとらえようとします（図10-2）。ユングは，態度類型と機能類型を組み合わせることで8つに分ける類型化も提唱しています。

10.2.2 特性論

1. 特性5因子説

特性論とは，パーソナリティをいくつかのパーソナリティ特性の集合とみなし，各特性をどのくらいずつもっているかというように，パーソナリティの違いを量的にとらえようというものです。特性論には，統計的な処理ができ，数値を用いて個人を細かく分析したり，複数の人物を比較したりできるという長所があります。因子分析など統計手法が洗練されることにより，特性論をもとにしたさまざまなパーソナリティ検査が開発されています。ただし，各特性をどれだけもっているというようにモザイク的なとらえ方になり，個人全体とし

表 10-5 ユングの機能類型

感覚機能……何かがあることを教えてくれる。

五感を用いた細かな観察によって現実をつかもうとする。

思考機能……それが何であるかを教えてくれる。

論理的に判断する。

感情機能……それにどのような価値があるかを教えてくれる。

好き嫌いで判断する。

直観機能……未知の状況に対処するのを助けてくれる。

目の前の事物を一瞥するだけで背後に隠れた可能性をとらえようとする。

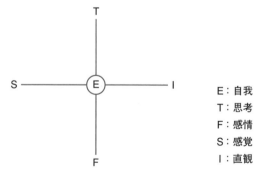

E：自我
T：思考
F：感情
S：感覚
I：直観

図 10-2 **心の4つの機能**（ユング，1935）

てのイメージがつかみにくいといった短所があります。

　これまでにさまざまな特性論が提唱されてきましたが，基本的なパーソナリ
ティは5つの因子でとらえられるとする**特性5因子説（ビッグ・ファイブ）**
に収束しつつあります。研究者によりその内容は微妙に異なっていますが，多
くの研究において繰返しあらわれる因子として，外向性（対人的開放性）と情
緒不安定性（神経症傾向）があります。この他に，ビッグ・ファイブ研究にお
いてある程度共通に抽出されてきたものに，経験への開放性，協調性（調和
性），信頼性（誠実性あるいは勤勉性）があります。それぞれの特性は，**表10
-6**のような性質を含みます。

　これら5つの特性をもとにパーソナリティ検査を開発したコスタとマックレ
ー（1992，1995）によるビッグ・ファイブ尺度は広く普及し，近年その妥当性
に関する研究が盛んに行われています。項目数を極力少なくして使いやすくし
ようという意図のもと，短縮版の開発もさまざまな研究者によって進められて
います。

2. 類型を特性論でとらえる試み

　特性論には統計的手法を用いて科学的な実証ができるという利点があるため
に，今のパーソナリティ検査は特性論に基づいた心理尺度が主流となっていま
す。しかし，直観力に基づいた類型論の発想にも捨てがたいところがあります。
そこで，両者を融合したのがアイゼンクの特性の階層モデルでした（アイゼン
クとウィルソン，1975）。その後も，特性論に基づく心理尺度を用いて，類型
論の発想を科学的に裏づけようとするさまざまな試みが行われています。

　その一つとして，ユングの態度類型と機能類型を特性論的に心理尺度を用い
て実証しようという試みがあります。ユングの類型に基づく心理尺度は，アメ
リカでもいくつか開発され（ホィールライトたち，1964；シンガーたち，
1996；メイヤーとブリッグス，1998），日本でもブリッグスたち（2000）や佐
藤（2005）によって開発されています。精神分析学的な知見は単なる思弁にす
ぎないと批判されることがありますが，それらの心理尺度を用いた研究により，
ユングの類型論の妥当性が実証されています（シーデス，1989；佐藤，2003，
2009，2018）。

表 10-6　**特性 5 因子説の 5 つの特性**

外 向 性	積極性，抑制のなさ，活動性，行動範囲の広さ，話し好き，社交性，群居性などの性質を含む。
情緒不安定性	自意識の強さ，不安の強さ，動揺のしやすさ，気分の不安定さ，傷つきやすさ，神経質などの性質を含む。
経験への開放性	独創性，想像力，好奇心の強さ，視野の広さ，洞察力などの性質を含む。
協 調 性	気だてのよさ，やさしさ，素直さ，従順さ，友好性，寛大さ，愛他性などの性質を含む。
信 頼 性	注意深さ，丁寧さ，勤勉性，頑張り屋，辛抱強さ，責任感などの性質を含む。

10.3 精神分析学的パーソナリティ理論

10.3.1 フロイトのパーソナリティ理論

1. エス・自我・超自我

　フロイト（1923）は，心の機能をエス，自我，超自我という3つの側面に分け，それら相互の力関係によって人間の心理や行動を説明しようとしました（図10-3）。

(1) エス（イド）

　エスとは，人格の中の無意識的，衝動的な側面で，すべての心的エネルギーの供給源です。エスには，本能衝動のような生得的なものの他に，幼少期に抑圧された観念なども含まれます。エスには表10-7のような性質があります。

　このようなエスがもたらす行動は長期的展望や現実的・社会的な考慮に欠けるため，その場しのぎのものに終始し，けっして最終的な充足にはつながりません。

(2) 自我

　自我とは，人格の中の主に意識的な部分で，思考や行動の主体です。自我には表10-7のような性質があります。

　自我は，現実の諸条件を考慮しながらうまく欲求を満たしていくといった形で社会適応を促す心の機能を担います。

(3) 超自我

　超自我とは，人格の中の一般に道徳心とか良心と呼ばれる機能で，自分自身をたえず批判的に監視している部分です。超自我には表10-7のような性質があります。超自我形成には，幼少期における両親の直接的なしつけによる面と，両親など身近な大人をモデルとして自然に取り入れられる面があります。

　このように，人間行動の基礎には衝動があり，それを促すのがエス，抑えたり修正したりするのが自我と超自我ということになります。そして，エスが強ければ衝動的・感情的な行動が生じやすく，自我が強ければ現実的・合理的な行動が生じやすく，超自我が強ければ道徳的・良心的な行動が生じやすいということになります。そこで，超自我は強いほどよいと思われがちですが，超自

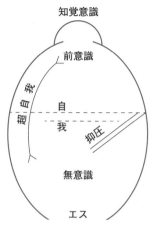

図10-3　フロイトによる心の構造モデル (フロイト, 1933)

表10-7　エス・自我・超自我の主な特徴

1.　**エス（イド）：人格の中の無意識的，衝動的な側面で，すべての心的エネルギーの供給源**
①すべての心的エネルギーの貯蔵所であり，人間行動の原動力
②快感原則に従う
　欲求充足の仕方が即時的・自己中心的で我慢ができない。
③論理性，統一性に欠ける
　目的に向かって行動を統一するということがない。
④価値判断をもたない
　善悪を区別したり道徳を考慮したりすることがない。
2.　**自我：人格の中の主に意識的な部分で，思考や行動の主体**
①現実原則に従う
　エスのやみくもな欲求充足行動を抑え，外界の現実的諸条件を考慮しながら，真の充足へと導こうとする。
②自我の心理機能
　認識機能（現実検討機能）：自分の欲求や感情，また外界を認知する機能。
　執行機能（適応機能）：意思決定を下し，行動に移す機能。
　統合機能：個々の判断や行動に統一性をもたせる機能。
　防衛機能：その場しのぎの解決策によって一時的に身を守る機能。
3.　**超自我：人格の中の一般に道徳心とか良心と呼ばれる機能で，自分自身をたえず批判的に監視している部分**
①快感原則にのみ従うエスに対しては，むき出しの衝動がむやみに表面化しないように，恐怖や不安を生じさせることによってブレーキをかける。
②現実的計算により打算に走りやすい自我に対しては，道徳的罪悪感を生じさせることで，その行動を制御しようとする。

我は非現実的で柔軟性に欠けるという点ではエスに似ています。ゆえに，あまりに超自我が強すぎる場合，たえず自分の行動を点検していないと気がすまない強迫神経症的な状態に陥ったり，非現実的な自己批判に苛まれるうつ的状態に陥ったりすることがあります。事故が度重なったり，非行や犯罪を繰り返したりする場合，その背後に非現実的な無意識的罪悪感による自己処罰的な気持ちが働いていることがあります。したがって，自我を強くするとともに，柔軟性を身につけることが，非常に重要な課題となります。

2. 自我の防衛機制

　私たちは日常生活においてさまざまな課題に直面しますが，時に解決が困難な状況に追い込まれることがあります。たとえば，厳しい現実の中で目標達成行動が阻止され，どうにも欲求を充足させることができないことがあります。そのような状態が続くと欲求不満に陥ります。欲求不満状況に長く置かれることは，精神衛生上好ましくありません。そこで，目標を切り替えたり，目標達成を延期するなど，何らかの合理的な適応行動がとれればよいのですが，どうしても適切な対処行動をとることができないことがあります。そのようなとき，次善の策として，非合理的な適応様式に頼らざるを得ません。その典型が，フロイト（1926）およびその娘アンナ・フロイト（1936）により提唱された**防衛機制**です。すなわち，うっかり不適応行動に走らないように，その場しのぎの解決策により身を守るのが自我の防衛機制の役割です。

　防衛機制にはいくつかの種類がありますが，現実を認めまいとしたり，歪めて知覚しようとしたりするという点が共通しています。また，防衛機制は無意識のうちに行われるため，本人は自覚していません。

　防衛機制のうち最も基本的なのが抑圧で，これは他のすべての防衛機制の基礎となります。抑圧とは，どうしても意識したくない衝動，感情，記憶，思考などを意識の外に閉め出し，無意識的なものとすることです。抑圧だけで処理しきれない場合，他の防衛機制をその補強として用いることになります（**表10-8**）。たとえば，反動形成とは，抑圧した心理傾向と反対の態度を強く示すことによって，心の中にある衝動や感情が表面化するのを避けようとするものです。内心憎んでいる人に対して過度に親切にしたり，つい甘くなりがちな身

表 10-8 **自我の防衛機制**（榎本，1992）

抑　　圧	受け入れがたい衝動，感情，記憶，思考などを意識の外に締め出すこと。
合 理 化	自分の行動を正当化するために，社会的承認に値する，あるいは自分の良心に納得のいくような理由づけをすること。
反 動 形 成	抑圧した衝動と反対の態度を強く示すことにより，危険なものとして自我が恐れる衝動の表出を防ぐこと。
投　　影	自分の中にある認めがたい衝動や感情を，自分ではなく他の人がもっていると思い込むこと。
同 一 視	自分にとって価値のある他者の姿を自分の中に取り入れ，まるでその人になったかのようにふるまったり，その属性を身につけようとしたりすること。
否　　認	知覚的印象を遮断し，歓迎されない現実を願望充足的空想およびそれに伴う行動によって否定すること。
退　　行	より未熟な発達段階に逆戻りすること。
置 き 換 え	欲求や感情の対象を，本来の対象より手に入りやすい対象や自分にとって危険でない対象に向けること。
隔　　離	苦痛な，あるいは恐ろしい経験を平気で思い出すことができるように，その観念と感情を切り離し，感情を抑圧すること。

内の人物に対してあえて厳しくしたり，攻撃衝動の強い人が平和運動に身を捧げたりするとき，そこに反動形成が働いているとみなすことができます。投影とは，自分の中にある衝動や感情を抑圧することにより，自分でなく他の人物がもっていると思い込むことです。たとえば，自分より有能な仲間に対して妬みを抱いたとします。そうした醜い気持ちをうまく抑圧できればよいのですが，抑えきれないこともあります。そんなとき，相手がこちらを見下した態度をとってくるというように，醜い気持ちを相手が自分に対して向けてくると思い込むことで，自己批判を免れることができ，逆に相手を一見正当な理由のもとに批判することで，自分の中にある攻撃衝動を発散することができます。

　このような防衛機制は，一時的に身を守るために必要な心理機能といえますが，それも行きすぎると神経症的な症状の形成につながることがあるので，防衛機制に頼りすぎるのも問題です。

10.3.2　ユングのパーソナリティ理論

1.　無意識の補償作用

　ユング（1916，1935）は，心を意識と無意識に分け，意識の中心を自我とします。自我の統制力によって意識は一貫したまとまりを示します。心の深層には広大無辺の無意識の層が存在します。意識は外界からと同時に無意識層からたえず何かを吸収しながら自己拡大的に発展していくと考えます。

　フロイトと違ってユングは，無意識は合理性・自律性をもち，意識の偏りに対して補償的に働くと考えました。そして，意識の中心である自我に対して，意識と無意識を含めた全体の中心を自己と名づけました（図10-4）。全体性とか相補性というものを強調するユング（1939，1948，1950，1951）は，ともすると一面的になりがちな意識に対して，無意識が補償的に作用するとみなします。たとえば，これまで意識によって排除され抑圧されて生きてこられなかった面が影を形成しますが，あまりに生き方が偏ってくると，影が補償的に働きます。このような相補的な心の機能によって，私たちは偏りのない全体的な生き方へと自己を実現していくことができるというのです。

2.　ペルソナ，影

図 10-4　ユングの自我と自己のとらえ方のイメージ（河合，1967）

コラム10-1　ペルソナに同化してしまうとき

「ペルソナの形成に力を入れすぎ，それとの同一視が強くなると，ペルソナはそのひとの全人格をおおってしまって，もはやその硬さと強さを変えることができなくなり，個性的な生き方がむずかしくなる。いつか，マルセル・マルソーのパントマイムを見たとき，ある男がいろいろな面をかぶって喜んでいるうち，道化の面をかぶると取れなくなってしまって困る場面の演技があった。面を取ろうと苦労して，身体はもがき苦しむが，どんなに苦しんでも，ずっと顔のほうは道化の笑い顔で，この相反するものを表現してみせるところにマルソーの演技が輝きを見せる。これは，まさに硬化したペルソナの悲劇を演じているものと感じられたのだった。」

（河合隼雄『ユング心理学入門』培風館）

　ペルソナとは，外的世界への適応のために個人が身につけた態度です。学校
の先生なら先生らしいペルソナを身につけ，営業担当者であれば営業の人間ら
しいペルソナを身につけないと，仕事上の役割をうまく遂行することができま
せん。社会的役割をきちんと担うためにも，社会的に適応するためにも，安定
したペルソナを築くことが必要となります。ペルソナの安定しない人物は，行
動の予測がつきにくく，相手からすれば信頼できないということになりやすい
といえます。ただし，ペルソナは，自分本来の姿，個性といったものをある程
度犠牲にすることで維持されるため，あまりにペルソナに忠実に生き続けてい
ると息が詰まって苦しくなります。その意味では，ペルソナを脱ぎ捨てて個性
をあらわす場をもつことも必要であり，適度な柔軟性をもつことも大切です。
ペルソナを外すことができず，ペルソナに同化した生き方をしている場合，過
剰適応の問題が生じがちです（コラム 10-1）。

　影とは，これまで生きてこなかった自分の半面，つまり「もう一人の自分」
を意味します。現実への適応のために自分の一部を抑圧し，本人もその「もう
一人の自分」を見失うことになりがちです。そのような「もう一人の自分」は，
無意識の中に眠っており，夢の中で人間像としてあらわれることがあります。
多くの場合，夢をみた人と同性の人物としてあらわれます。

　ユングの弟子フォン・フランツがユングとの共著において，48 歳の男性の
夢を紹介しています。その男性は，自力で這い上がろうと頑張って働いてきた
人で，仕事熱心で，自分に厳しく，快楽や自発性を抑圧して生きてきました。
その人のみた夢は，コラム 10-2 のようなものでした。

　この夢の中の地下室は，夢をみた人の心の地下室，つまり無意識の世界を指
すと考えられます。その裏庭で大声で笑いながら近づいてきた小学校時代の仲
間は，夢をみた人が生きてこなかった側面，いつの間にか忘れ去られ，見失わ
れてしまった側面が人格化されてあらわれたものとみられます。走り去るのを
見かけた野性的な馬も，夢をみた人に欠けており，必要とされる性質をあらわ
すとみられます。それは，まじめに働くことで抑圧してきた，快活な面や自由
奔放な面と考えられます。そろそろ一面的な生き方をやめてもいいのではない
か，もっと自分の潜在的な性質や欲求を表に出して，全面的に生きてもいいの

コラム10-2 夢にあらわれた影

「私は，町に非常に大きい家を持ち，そこに住んでいた。しかし，家の各部屋が，どうなっているかまだ知らなかった。そこで私は，家中を歩いてみて，主として地下に，いくつかの部屋をみつけた。その部屋について私は何も知らず，そこには，他の地下室や地下の通路に通じる入口さえあった。その入口のあるものは鍵がかかっていず，あるものには錠前さえついていないのをみて，私は不安に感じた。その上，何人かの労働者が近くで働いており，彼らは，忍びこんでこようと思えば忍びこめるのだ。

私が一階へ上ってきて裏庭をとおったとき，そこにも街路や他の家に通じる入口があるのをみつけた。それらをもっとよく調べようとしたとき，一人の男がやってきて，大声で笑いながら，私たちは小学校からの古い仲間だといった。私も彼を憶えており，彼が自分の生活について話しているとき，私は一緒に出口のほうに行き，街路をぶらぶら歩いた。

その空間には奇妙な明暗の対比があり，そのなかの大きな循環道路を歩いて，われわれは緑の芝生のあるところに到達した。そのとき，突然，三頭の馬が駆け去っていった。その馬は美しく，たくましく，野性的だがよく手入れされ，その上には誰も乗っていなかった。（それらは，軍隊から逃げてきたのだったろうか。）」

（ユング（編）河合隼雄（監訳）『人間と象徴——無意識の世界（下巻）』河出書房新社）

ではないか，といった心の声を象徴する夢といえます。

　ただし，これまで生きてこなかった面をいきなり大胆に表に出すと，社会適
応に支障が生じがちです。自己中心的な衝動を抑えて，自分に厳しく生きてき
た人が，もっと自由奔放に生きたいと思い，とんでもなくわがままな人になっ
てしまうことがあります。安全な道を慎重に歩んできた人が，もっと冒険をし
たい，挑戦的な生き方をしたいと思って無謀な一歩を踏み出し，生活が破綻し
てしまうこともあります。そのような局面では，これまで生きてきた自分に新
たな自分の一面をうまく調和させつつ取り入れていくことが課題となります。

10.4　パーソナリティの測定・診断

　パーソナリティを知るための方法には，観察法，面接法，検査法などさまざ
まなものがあり，目的によって使い分けが行われています（図10-5）。就職活
動中の学生が自分のパーソナリティを知りたいというとき，主に質問紙法とい
う検査法が用いられます。企業の側が就職を希望する学生のパーソナリティを
知りたいとき，あるいは従業員のパーソナリティを知りたいときも，主として
質問紙法が用いられます。ただし，何らかの問題を抱える従業員のパーソナリ
ティを探りたいときなどは，面接法を用いることもあります。心理的な問題を
抱える人物に対するカウンセリングなどでは，面接の中で投影法という検査法
がしばしば用いられます。もちろん質問紙法を用いることもあります。

10.4.1　観察法

　幼児のパーソナリティを知りたいときなどは，面接で言葉のやりとりをした
り，質問紙法などの検査を実施したりするのが難しいため，遊び場面を観察す
るといった形で**観察法**が用いられるのが一般的です。

　観察といっても，ただ漠然と観察するのでは意味のあるデータが採取できま
せん。そこで，着目すべき行動をリストアップしておいて，それぞれの行動が
生起する頻度を数えたり，他者からのどのような働きかけに対してどのように
反応したかを記録したりして，パーソナリティの把握に活かすことになります。

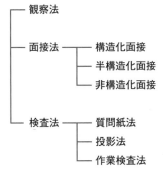

図 10-5　パーソナリティの測定・診断法

10.4.2　面　接　法

　面接法では，対面の会話形式を用いてパーソナリティの把握に役立つ情報を収集します。形式面から構造化面接，非構造化面接，半構造化面接に分けることができます。

　構造化面接とは，一定の順序で並べられた質問リストを用意しておき，それに沿って順次質問をしていく形式の面接法です。**非構造化面接**とは，質問リストを用意せずに，その場の心の動きや相互作用の流れに任せて面接対象者に自由に語ってもらうといった形式の面接法です。**半構造化面接**とは，それらの中間に位置するもので，質問のリストを大まかな見出し程度に用意しつつも，その場の面接対象者の心の動きや相互作用の流れに任せて，質問の順序を入れ替えたり，リストにない内容についての語りにもじっくり耳を傾けたり，必要に応じてアドリブで質問するなど，ある程度の自由度が確保された面接法です。

10.4.3　検　査　法

1.　質　問　紙　法

　質問紙法によるパーソナリティ検査は，特性論に基づいてつくられており，一連の質問項目からなる質問紙を与え，それぞれの項目が自分に当てはまるかどうかを自己評定させるものです。「はい」「いいえ」「どちらともいえない」の3つの選択肢から選ばせたり，「当てはまる」「やや当てはまる」「どちらともいえない」「あまり当てはまらない」「当てはまらない」の5つの選択肢から選ばせたりするのが一般的です。パーソナリティの把握のために最も広く用いられているのが質問紙法です。その長所および短所は**表10-9**の通りです。

(1)　YG（矢田部ギルフォード）性格検査

　代表的な質問紙法パーソナリティ検査として，ギルフォードが開発したものをもとに矢田部たちが作成した，12個のパーソナリティ特性を測定する項目群からなる**YG性格検査**があります。さまざまな状況下における行動や気持ちに関する記述文に対して，それらが自分に当てはまるかどうかを「はい」「いいえ」「どちらともいえない」の3択で答えさせるものです。**表10-10**に示した12のパーソナリティ特性を測定する12の尺度で構成されています。

表 10-9　質問紙法の長所と短所

長所	実施が簡単。 採点も簡単。 　熟練も知識もいらず，だれでも機械的にできる。 　だれが採点してもまったく同じ結果になる。 質問紙を配付する形で，一気に大勢の人に検査を実施できる。 統計処理ができる。
短所	パーソナリティのとらえ方が浅くなりがち。 回答に歪みが出やすい（自己防衛的な歪みなど）。 本人が意識していることしか測れない。 本人に自己観察力や内省力が欠ける場合，結果はあまり信用できない。 質問文の意味のとらえ方が人によって異なる。

表 10-10　YG 性格検査の 12 の尺度

①抑うつ性…………陰気，悲観的で罪悪感の強い傾向
②回帰性……………気分の変化が大きく，動揺しやすい傾向
③劣等感……………自信に欠け，不適応感の強い傾向
④神経質……………心配性で過敏な傾向
⑤客観性欠如………空想的で主観的な傾向
⑥協調的欠如………不満が多く，人を信用しない傾向
⑦攻撃性……………社会的活動性が高く，攻撃的な傾向
⑧一般的活動性……てきぱきとしていて，活動的な傾向
⑨のんきさ…………気軽で衝動的な傾向
⑩思考的外向性……物事を深く考える内省的な傾向の反対
⑪支配性……………人の先頭に立つ指導的傾向
⑫社会的外向性……人と接するのが好きな社交的傾向

　さらに，この12尺度の得点をもとに情緒安定積極型，情緒安定消極型，情緒不安定積極型，情緒不安定消極型，平均型の5つに類型化することができます。このパーソナリティ検査は，手軽に個人のパーソナリティのプロフィールをつかむことができ，また5つに類型化できて直観的にわかりやすいといった利点があるため，日本では最も広く用いられています。

(2) 日本版 NEO-FFI

　パーソナリティを把握するための特性の数があまりに多いことから，最小限の特性に絞ろうという動きの中で出てきたのが特性5因子説です（10.2.2の1参照）。コスタとマックレー（1985）が開発した，ビッグ・ファイブモデルに基づくパーソナリティ検査 NEO-PI-R の日本版（下仲たち，1999）は240項目からなりますが，それを短縮したのが**日本版 NEO-FFI**（下仲たち，1999）です。これは，以下の5つの因子を測定する各12項目，計60項目で構成されています。各因子に含まれる要素は**表10-11**の通りです。

①**神経症傾向**（情緒不安定性）

②**外向性**（社会的外向性）

③**開放性**（経験への開放性）

④**調和性**（協調性）

⑤**誠実性**（信頼性）

2. 投 影 法

　投影法とは，何を意味するかがあいまいで多義性をもつ刺激（図版など）に対する自由な反応から，その内的な動機やパーソナリティをつかもうとする検査法のことです。空に浮かぶ雲を眺めていると，海や島に見えたり，身近な動物に見えたりすることがあると思いますが，それも雲というはっきりと形をつかみにくいあいまいな刺激を用いた投影法のようなものといえます。人はそれぞれ独自の主観的世界を生きています。その主観的世界を構成している欲求や態度が，あいまいな刺激の受け止め方にあらわれる，というのが投影法が依拠する仮説です。

　投影法は，提示される刺激が多義的であったり，未完成であったりするため，どのようにでも解釈することができ，回答の仕方も自由なので，かなり個性的

表 10-11　**日本版 NEO-FFI の 5 つの尺度の下位次元**

①**神経症傾向**：不安，敵意，抑うつ，自意識，衝動性，傷つきやすさ
②**外向性**：温かさ，群居性，断行性，活動性，刺激希求性，よい感情
③**開放性**：空想，審美性，感情，行為，アイデア，価値
④**調和性**：信頼，実直さ，利他性，応諾，慎み深さ，やさしさ
⑤**誠実性**：コンピテンス，秩序，良心性，達成追求，自己鍛錬，慎重さ

な回答が出やすくなります。そこにパーソナリティの深層があらわれやすいため，個人にとってとくに重要な側面に焦点を当てることができます。また，何を測定しているかの見当がつきやすい質問紙法の場合と違って，回答の歪みが生じにくく，本人が意識しないところで内面が開示されやすくなります。このような投影法には，**表10-12**に示したような長所と短所があります。

(1) ロールシャッハテスト

　ロールシャッハテストは，精神科医ロールシャッハが考案したもので，投影法の中で最も広く用いられており，とくに心理臨床の場で力を発揮しています。いろいろな形をした，とくに何をあらわしたということのない，左右対称のインクのしみからなる一連の図版を見せ，それぞれ何に見えるかを自由に答えさせるというものです。紙の上にインクを垂らして中央で2つに折り，開いたときに偶然出来上がる，左右対称の図版が刺激として用いられます（**図10-6**）。

　各図版について回答した後で，各図版のどこに着目してそう答えたのか，なぜそう見えたのか，見たものはより正確には何なのか，などといった質問をすることによって，反応のもつ意味を詳しく探っていきます（八尋たち，1993）。得られた反応に関して，全体反応か部分反応か，運動反応か静止反応か，色彩反応か形態反応か，人間反応か動物反応か無生物反応か，平凡反応か独創反応か，反応数，反応時間などの観点から分析します。そうすることによって，その人固有の知覚の仕方を探り，その主観的世界の特徴，すなわちパーソナリティや心的葛藤をとらえようとします。

(2) TAT（主題統覚検査）

　TATは，マレーたちによって考案されたもので，ロールシャッハテストとともに投影法によるパーソナリティ検査を代表するものといえます。ただならぬ状況，といっても何が起こっているのかよくわからないあいまいな状況下に置かれた人物を描いた一連の図版を見せ，1枚ごとに空想的な物語をつくらせるというものです（**図10-7**）。本人は想像力テストのつもりで空想的な物語をつくっていきますが，その物語に心の内面が投影されるというわけです。

　ロールシャッハテストのインクのしみ同様，刺激の意味があいまいなため，どんな物語をつくることも可能であり，そこに心の深層にある欲求やさまざま

表 10-12　投影法の長所と短所

長所	個性的な回答を引き出しやすい。 　個人にとってとくに重要な側面に焦点を当てることができる。 パーソナリティの深層に迫りやすい。 回答の歪みが生じにくい。
短所	結果を機械的に処理できない。 結果の解釈に熟練を要する。 結果の解釈の際に個別対応が必要になる。

図 10-6　ロールシャッハテストの模擬例（山中・山下，1988；桑原，2004 より）

図 10-7　TAT の模擬例

な思いが反映されるというのがTATの原理です。回答として物語をつくらせ
る際，それがどのような場面でその人物は何を考え感じているのか（現在），
どういう事情でそうなったのか（過去），この先どのような展開になるか（未
来）といった内容を含むように物語をつくらせます。このようにしてつくられ
た物語をもとに，意識的あるいは無意識的な欲求や感情，葛藤について，人間
関係を軸に分析していきます（木村，1964，1993）。

3.　作業検査法

　作業検査法とは，言語的側面はできるだけ排除した一定の作業を行わせ，そ
の経過や成績に反映されるパーソナリティや知的能力を診断するものです。パ
ーソナリティの診断においては，作業量そのものよりも，時間の経過に伴う作
業量の変化に注目します。結果の解釈は，質問紙法よりは主観が入りやすいも
のの，投影法よりははるかに客観的な基準に基づいて行えます。

　代表的な作業検査法に内田・クレペリン精神作業検査があります。無作為に
並べられた1桁の数字の列があり，隣り合う2つの数字を加算する作業を15
分間（15列）行わせ，5分間の休憩の後でさらに15分（15列，10分10列の
場合も）行わせます。結果をもとに，1分ごとの作業量から作業曲線を描き，
そこに初頭努力，慣れの効果，疲労効果，休憩効果，終末努力，動揺率などを
読みとることで，パーソナリティの特徴をとらえようとします。この検査は，
個人のパーソナリティを詳しく知るには適しませんが，大勢の中から異常傾向
のある人物を抽出するのには有効といえます。一般には，はじめのうちは頑張
っており，徐々に疲れが出て作業量が低下し，最後だと思うと作業量が増加す
る，また休憩をすると作業量が回復する，といった傾向を示します。

不適応とその対応

11.1　学校不適応の諸相

11.1.1　不　登　校

　長期にわたって学校に行かないことを**不登校**といいます。文部科学省の資料によれば，小中学校における不登校児童・生徒数は，2000 年代に入ってほぼ横ばい傾向にありましたが，2013（平成 25）年から増加の一途をたどっており，2018（平成 30）年は 16 万 4,528 人で前年比 14％増加しています（図 11-1）。学年別にみると，小学 1 年生から中学 3 年生まで，学年が上がるほど不登校者数が増えており，とくに中学に入ると急増しています。

　不登校にもさまざまなタイプがあり（図 11-2），学校への不適応としてとくに問題となるのは，神経症的な葛藤を伴う不登校です。

　神経症的不登校は，怠学や精神障害による不登校などと異なり，おとなしくてどちらかというとまじめな者が，学校に行かなければと思いながらも登校することができず，不本意ながらずるずると不登校を続けるというものです。神経症的不登校をする子どもの性格的特徴として，内気，繊細で傷つきやすい，融通がきかない，完全癖があり失敗への不安が強い，自立性や社会性が乏しいなどがあげられます。家庭から巣立って自分の力で歩き始めるだけの力が培われないままに，自立を求められる思春期を迎えてしまったといった印象を与えるケースが多いようです。

　不登校に陥る者には，ソーシャルスキルが乏しく友だちとうまくかかわれず，学校に居場所をつくれないといった傾向，レジリエンスが低くストレスがかかると気持ちが消耗してしまう傾向がみられがちです。また，授業についていけないことが原因となることもあるようです。したがって，不登校対策として，児童・生徒の居場所づくりをうまく支援することが重要であると同時に，必要に応じて学習支援ができるような体制づくりも求められます。

　ただし，学校教育の歪みが不登校を招いているという側面も見逃せません。神経症的不登校の陰に隠れて目立ちませんが，学校のあり方に疑問を投げかけ抵抗する主体的な不登校傾向が蔓延していることも無視できません。その意味では，教師と児童・生徒との対話が欠かせないといえるでしょう。

小・中学校における不登校の状況について

90 日以上欠席した者は，不登校児童生徒数の 58.1％を占め，依然として長期に及ぶ不登校児童生徒が多い。

区分	欠席日数 30～89 日の者		欠席日数 90 日以上で出席日数 11 日以上の者		欠席日数 90 日以上で出席日数 1～10 日の者		欠席日数 90 日以上で出席日数 0 日の者		不登校児童生徒数
小学校	24,794	55.3%	16,891	37.7%	1,997	4.5%	1,159	2.6%	44,841
中学校	44,099	36.8%	60,092	50.2%	10,629	8.9%	4,867	4.1%	119,687
合計	68,893	41.9%	76,983	46.8%	12,626	7.7%	6,026	3.7%	164,528

※パーセンテージは，各区分における不登校児童生徒数に対する割合。

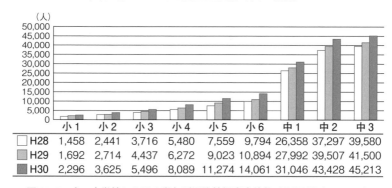

	小1	小2	小3	小4	小5	小6	中1	中2	中3
H28	1,458	2,441	3,716	5,480	7,559	9,794	26,358	37,297	39,580
H29	1,692	2,714	4,437	6,272	9,023	10,894	27,992	39,507	41,500
H30	2,296	3,625	5,496	8,089	11,274	14,061	31,046	43,428	45,213

図 11-1　**小・中学校における学年別不登校児童生徒数**（文部科学省，2019）

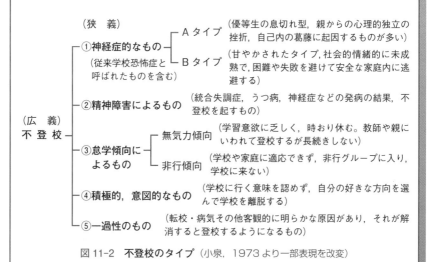

図 11-2　**不登校のタイプ**（小泉，1973 より一部表現を改変）

11.1.2　いじめ

　小・中・高等学校および特別支援学校におけるいじめの認知件数は2015年以降一貫して増加しており，とくに小学校でのいじめが急増中です（図11-3）。学年別にみると，小学校低学年から中学年が多く，またここ数年著しく増加しています。いじめの内容としては，「冷やかしやからかい，悪口や脅し文句，嫌なことを言われる」がすべての学校段階において圧倒的に多く，それに次いで「軽くぶつかられたり，遊ぶふりをして叩かれたり，蹴られたりする」「仲間はずれ，集団による無視をされる」が多くなっています。高等学校においては「パソコンや携帯電話で，誹謗・中傷や嫌なことをされる」も多くなっています（文部科学省，2019）。

　いじめが発覚すると，加害者―被害者の構図のもと，加害者がだれで，なぜそのようなことをしたのかに焦点づけた対応がとられます。いじめ問題において，それは必要不可欠な対応ではあるものの，いじめ防止という観点からすると，もう少し違った構図のもとに問題をみていくことが求められます。そこで参考になるのは，森田によるいじめ集団の4層構造モデルです。

　森田（2010）は，被害者と加害者だけでなく，観衆や傍観者も含めた4つの層でいじめをとらえることを提唱しています。観衆とは，いじめを囃し立てておもしろがって見ている者たちです。傍観者とは，見て見ぬふりをしている者たちです。教師はともするといじめた者といじめられた者の事情聴取に終始しがちですが，観衆や傍観者といった周りの者の反応しだいでいじめが抑止されたり，反対にいじめが助長されたりします。たとえば，周りの者がおもしろがったり，見て見ぬふりをしたりすれば，いじめる者は調子に乗ります。その意味では，観衆も傍観者も間接的な加害者ということになります。したがって，いじめ問題への対策としては，安易に観衆や傍観者にならないように当事者意識をもたせるような教育的働きかけが求められます。

　また，いじめは一般に，疎遠な間柄や日頃から仲の悪い者同士で起こると考えられがちですが，森田たちの調査によれば，よく遊ぶ友だちの間でのいじめが最も多く，いじめの半数ほどがよく遊ぶ友だちの間で起こっています（図11-4）。このことも教師がいじめに気づきにくい要因といえます。

いじめの状況について

小・中・高等学校及び特別支援学校における，いじめの認知件数は 543,933 件（前年度 414,378 件）と前年度より，129,555 件増加しており，児童生徒 1,000 人当たりの認知件数は 40.9 件（前年度 30.9 件）である。

認知件数について，全校種（小学校は 425,844 件，中学校は 97,704 件，高等学校は 17,709 件，特別支援学校は 2,676 件）で増加している。

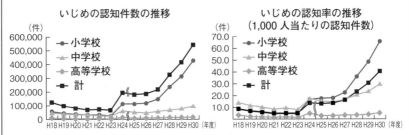

いじめの認知件数の推移　　いじめの認知率の推移（1,000 人当たりの認知件数）

※平成 25 年度から高等学校通信制課程を調査対象に含めている。
　また，同年度からいじめの定義を変更している

《小学校認知件数》前年度より 108,723 件（34.3%）の増加
《中学校認知件数》前年度より 17,280 件（21.5%）の増加
《高等学校認知件数》前年度より 2,920 件（19.7%）の増加
《特別支援学校認知件数》前年度より 632 件（30.9%）の増加

年度	H18	H19	H20	H21	H22	H23	H24	H25	H26	H27	H28	H29	H30
小学校	60,897	48,896	40,807	34,766	36,909	33,124	117,384	118,748	122,734	151,692	237,256	317,121	425,844
	8.5	6.9	5.7	4.9	5.3	4.8	17.4	17.8	18.6	23.2	36.5	49.1	66.0
中学校	51,310	43,505	36,795	32,111	33,323	30,749	63,634	55,248	52,971	59,502	71,309	80,424	97,704
	14.2	12.0	10.2	8.9	9.4	8.6	17.8	15.6	15.0	17.1	20.8	24.0	29.8
高等学校	12,307	8,355	6,737	5,642	7,018	6,020	16,274	11,039	11,404	12,664	12,874	14,789	17,709
	3.5	2.5	2.0	1.7	2.1	1.8	4.8	3.1	3.2	3.6	3.7	4.3	5.2
特別支援学校	384	341	309	259	380	338	817	768	963	1,274	1,704	2,044	2,676
	3.7	3.2	2.8	2.2	3.1	2.7	6.4	5.9	7.3	9.4	12.4	14.5	19.0
合計	124,898	101,097	84,648	72,778	77,630	70,231	198,109	185,803	188,072	225,132	323,143	414,378	543,933
	8.7	7.1	6.0	5.1	5.5	5.0	13.4	13.4	13.7	16.5	23.8	30.9	40.9

※上段は認知件数，下段は 1,000 人当たりの認知件数。

図 11-3　小・中・高等学校におけるいじめの認知件数の推移（文部科学省，2019）

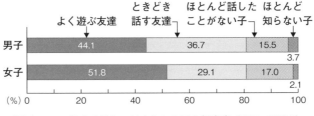

図 11-4　いじめる子といじめられる子の親密度（森田，2010）

さらに，いじめの加害役割と被害役割が固定しておらず，加害側にいた者が
ちょっとしたきっかけで被害側に回ったり，被害を受けていた者が加害側に回
ったりということも起こっています。このようにいじめにおける役割が入れ替
わり固定しないことも，教師にいじめが認知されにくい要因と考えられます
（伊藤，2017；森田，2010）。

11.1.3　学 業 不 振

　学業不振という場合，学業成績が非常に悪い児童・生徒を指すときと，知能
に比べて学業成績が思わしくないアンダーアチーバーを指すときがあります。
ただし，現在は学校で知能検査が実施されていないため，前者を指すのが一般
的です。

　学業不振の原因として，学習習慣が身についていないこと，学習に価値を置
いていない家庭環境，友だちができず学校にいても落ち着かないこと，いつも
成績が悪く学習性無力感を身につけてしまっていることなどが考えられます。
そうしたことを念頭に置いて，学業不振を招いている個別の事情を検討し，支
援していくことが大切となります。

　学業不振には，ワーキングメモリの容量が関係していることもあります。ギ
ャザコールとアロウェイ（2008）は，つぎのように述べています。

　「ワーキングメモリ容量の少ない子どもが学習上の困難を抱えるのは，そう
いった子どもたちが多くの学習状況が求めるワーキングメモリの負荷に対処す
ることができないからです。その結果，彼らのワーキングメモリがいっぱいに
なってしまい，書こうとしている文や，従う必要のある一連の指示などの，今
行なっている活動を導くための重要な情報が失われてしまいます。」

　また，ワーキングメモリが小さい児童は，授業への参加度が低く，授業中の
態度としてつぎのような特徴を示します（湯澤たち，2013）。

①積極的に挙手をしない。

②課題や教材に対する教師の説明や他児の発表をあまり聞かない。

③集中力が持続しない。

　このようなワーキングメモリに弱点を抱える児童・生徒に対する支援方法に

表 11-1 ワーキングメモリに弱点を抱える児童・生徒に対する支援方法
（湯澤，2019 より作成）

①情報の整理

情報の構造を簡潔に提示したり（例：授業の冒頭で学習目標を板書），情報を聴覚的・視空間的側面から多重に提示したりする（例：教科書○ページを開くよう口頭で指示すると同時に板書する）。

②情報の最適化

情報の細分化（例：情報を短く区切る），スモールステップ（例：学習過程を細かいステップに区切る，指示を短くする），情報の統合（例：学習した内容のまとめを適宜板書），時間のコントロール（例：様子を見ながらかける時間設定を調整）など。

③記憶のサポート

記憶方略の活用（例：音声リハーサルなど，覚えやすいように工夫する），長期記憶の活用（例：前回の授業内容を振り返り，新たな学習内容をすでにもっている知識に関連づける），補助教材の活用（IT 機器などの道具を活用する）など。

④注意のコントロール

選択的注意（例：「はい，聞きましょう」といったん注目を集めてから指示を出す），自己制御（自分自身の理解度や進度のモニタリングを促し，メタ認知を活用しながら学習に自ら取り組めるように支援する）など。

ついて，湯澤（2019）は表11-1のように4つに整理しています。

11.2　パーソナリティ障害

　パーソナリティ障害とは，個人に特徴的で一貫性のある認知，感情，行動の
あり方が大きく偏り固定化したために非適応的になっている状態のことをいい
ます（大野，1998）。いわば，パーソナリティが著しく偏っていることを指し
ます。シュナイダーの精神病質の分類に非常に似ている面もありますが，パー
ソナリティ障害という概念はDSM（アメリカ精神医学会による精神疾患の診
断・統計マニュアル）による分類で，改訂されながら広く使われています。
DSM-5では，その人の属する文化から期待されるものより著しく偏った内的
体験および行動の持続的様式が，認知，感情性，対人関係機能，衝動の制御の
4領域のうち2領域以上にみられるとき，パーソナリティ障害とみなすとして
います（アメリカ精神医学会，2013）。

　そして，パーソナリティ障害を10タイプに分け，それを奇妙で風変わりな
ところに特徴のあるクラスターA，感情的な混乱や衝動性に特徴のあるクラス
ターB，不安の強さや自信のなさに特徴のあるクラスターCという3つのクラ
スターにくくっています（表11-2）。

　奇妙で風変わりなところに特徴のあるクラスターAには，猜疑心が強く他人
の好意さえ不当に疑い，侮辱されたと勝手に思い込んでは攻撃的になる妄想性
パーソナリティ障害（猜疑性パーソナリティ障害），感情が平板でよそよそし
く，人と温かい心の交流ができないスキゾイドパーソナリティ障害（シゾイド
パーソナリティ障害），奇妙な空想や思い込みにとらわれたり，奇異な行動を
示したり，ふつうでない知覚体験をもつなどして，対人関係に著しい困難を示
す統合失調型パーソナリティ障害の3つが含まれます。

　感情的な混乱や衝動性に特徴のあるクラスターBには，無責任で仕事を安定
して続けられず，良心が欠如し人を平気で傷つけ，衝動的で暴力を振るいやす
い反社会性パーソナリティ障害，衝動的で感情の起伏が激しく，親しくなると
過度な依存や要求を示し，相手を勝手に理想化しては裏切られたと批判するな

表 11-2　パーソナリティ障害の 10 タイプ

クラスターA：奇妙で風変わりなところに特徴がある。

妄想性パーソナリティ障害…………他人の動機を悪意のあるものと解釈すると
　　　　　　　　　　　　　　　　いった，不信と疑い深さの様式。
スキゾイドパーソナリティ障害……社会的関係からの遊離および感情表現の範
　　　　　　　　　　　　　　　　囲の限定の様式。
統合失調型パーソナリティ障害……親密な関係で急に不快になること，認知的
　　　　　　　　　　　　　　　　または知覚的歪曲，および行動の奇妙さの
　　　　　　　　　　　　　　　　様式。

クラスターB：感情的な混乱や衝動性に特徴がある。

反社会性パーソナリティ障害………他人の権利を無視しそれを侵害する様式。
境界性パーソナリティ障害…………対人関係，自己像，感情の不安定および著
　　　　　　　　　　　　　　　　しい衝動性の様式。
演技性パーソナリティ障害…………過度な情動性と人の注意をひこうとする様
　　　　　　　　　　　　　　　　式。
自己愛性パーソナリティ障害………誇大性，賞賛されたいという欲求，および
　　　　　　　　　　　　　　　　共感の欠如の様式。

クラスターC：不安の強さや自信のなさに特徴がある。

回避性パーソナリティ障害…………社会的制止，不適切感，および否定的評価
　　　　　　　　　　　　　　　　に対する過敏性の様式。
依存性パーソナリティ障害…………世話をされたいという全般的で過剰な欲求
　　　　　　　　　　　　　　　　のために従属的でしがみつく行動をとる様
　　　　　　　　　　　　　　　　式。
強迫性パーソナリティ障害…………秩序，完全主義，および統制にとらわれて
　　　　　　　　　　　　　　　　いる様式。

ど人間関係が長続きせず，アルコール依存・過食・無謀な運転・浪費など自己破壊的行動が目立つ境界性パーソナリティ障害，目立ちたがりで人の注意を引くために大げさな演技的態度を示し，たいした内容でなくても印象的な話し方をしたり大げさな感情表現をしたりする演技性パーソナリティ障害，自分の才能や業績に関して誇大な感覚を抱き，自分は特別といった意識が強く，自分の利益のためには平気で人を利用し，限りない成功と賞賛を求める自己愛性パーソナリティ障害の4つが含まれます。

　不安の強さや自信のなさに特徴のあるクラスターCには，自信がなく，恥をかいたり人からばかにされるなど否定的な結果により自尊心が傷つくことを極度に恐れ，重要な仕事を引き受けたり人と深いかかわりをもつことを避ける回避性パーソナリティ障害，過度に依存的で自分自身で決断することができず，何かにつけて人に指示を求め，一人では不安で，置き去りにされる恐怖から身近な人にしがみつくような行動をとる依存性パーソナリティ障害，完全癖が強く，物事が予定通りに進んだり秩序立っていないと気がすまず，細かなことに過度にこだわり，頑固で融通がきかず，そのために何ごとも達成することができなくなったりする強迫性パーソナリティ障害が含まれます。

　このようなパーソナリティ障害には自己像の不安定さが伴いますが，いくつかのタイプと自尊感情の低さとの関連が指摘されています（ワトソン，1998；リナムたち，2008）。また，パーソナリティ障害の診断基準には対人関係面における障害が多く含まれており，その形成要因として幼少期のアタッチメントが着目されています。実際に，ベンダーたち（2001）やブレナンとシェーバー（1998）は5つのパーソナリティ障害が不安定なアタッチメントと関連していることを見出しています。また，ミクリンサーとシェーバー（2012）は，不安定アタッチメントによる見捨てられ不安や親密性の回避がいくつかのパーソナリティ障害と関連していることを指摘しています。

11.3　発達障害

　発達障害とは，脳機能の障害により何らかの発達面に問題がみられるものを

	知的発達障害
発達障害	自閉症スペクトラム障害
	注意欠陥多動性障害
	学習障害

図 11-5　**発達障害に含まれる主なもの**

指します。発達障害者支援法において，発達障害とは，自閉症，アスペルガー症候群その他の広汎性発達障害，学習障害，注意欠陥多動性障害その他これに類する脳機能の障害であって，その症状が通常低年齢において発現するものとされています。幼稚園に通い，友だちと遊ぶ場面が多くなってから問題が表面化したり，小学校に入学し，授業を受けたり試験を受けたりするようになって問題が表面化したりする場合も，その障害は発達の初期からあったものと考えられます。文部科学省（2012）の調査によれば，小中学校において学習面または行動面で著しい困難を示す発達障害の可能性のある児童・生徒の比率は6.5％とされています。

　主な発達障害（図11-5）について，アメリカ精神医学会による精神疾患の診断・統計マニュアル（DSM-5）に基づいて解説していきます。

11.3.1　知的発達障害

　知的発達障害では，知的発達と適応機能の両面において障害を示します（表11-3）。

　知的発達に関しては，論理的思考，問題解決，計画，抽象的思考などが苦手で，的確な判断ができなかったり，学校の授業の予習や宿題がうまくできなかったり，経験から学ぶことができなかったりします。

　適応面に関しては，社会的に年齢相当に求められる行動を適切にとることができず，家庭・学校・地域・職場などにおける日常生活にも支障をきたすため，継続的な支援を必要とします。支援が必要かどうかは，主に知能水準により判断することになります。

11.3.2　自閉症スペクトラム障害

　自閉症スペクトラム障害では，人と感情を共有できなかったり，人に関心がなかったり，視線が合わなかったり，人の表情を読みとれなかったりして，対人コミュニケーションに持続的な障害があるため，仲間関係を形成することに困難を生じます。また，行動や興味において柔軟性が乏しく，同じ行動を反復したり，特定の対象に異常なほど執着したり，馴染みの習慣に頑なにこだわっ

表 11-3　知的発達障害

知的発達面の問題：論理的思考，問題解決，計画，抽象的思考などが苦
　　　　　　　　手で，的確な判断ができなかったり，学校の授業の
　　　　　　　　予習や宿題がうまくできなかったり，経験から学ぶ
　　　　　　　　ことができなかったりする。
適応面の問題：社会的に年齢相当に求められる行動を適切にとることが
　　　　　　　できないため，日常生活に支障をきたす。

表 11-4　自閉症スペクトラム障害の特徴

• 人と感情を共有できなかったり，人に関心がなかったり，視線が合
　わなかったり，人の表情を読みとれなかったりして，対人コミュニ
　ケーションに持続的な障害がある。
　　他者や自分の心的状態を推論できない。
　　他者の表情を模倣しない。
　　皮肉などの字義通りでない意味を読みとることができない。
• 行動や興味において柔軟性が乏しい。

　　自閉症障害，アスペルガー障害，特定不能の広汎性発達障害など

たりする傾向を示します。自閉症障害，アスペルガー障害，特定不能の広汎性発達障害などが，これに含まれます（表11-4）。

　バロン-コーエンたち（1985）は自閉症スペクトラム障害児が他者や自分の心的状態を推論できないことを，マッキントッシュたち（2006）は自閉症スペクトラム障害児が他者の表情を模倣しないことを指摘していますが，いずれも人に対する興味の欠如をあらわしているといってよいでしょう。さらに，自閉症スペクトラム障害児は，皮肉などの字義通りでない意味を読みとることができず，対人関係の文脈で言葉を用いることが苦手とされています（安立たち，2006；マッケイとショー，2004；マーティンとマクドナルド，2004）。

　ホブソン（1993）は，このような自閉症スペクトラム障害児の対人関係上の根本的な問題は，他者と心が通い合っているという感覚の乏しさにあるとしています。

11.3.3　注意欠陥・多動性障害

　注意欠陥・多動性障害では，持続的な不注意と多動を特徴とします（表11-5）。気が散りやすく，不注意な間違いが多かったり，集中力を要する活動を長時間続けることができなかったり，必要な物をよくなくしたり，忘れ物が多かったりします。

　また，じっとしていられず，座っていても手足をたえず動かしたり，席に長く座っていられずすぐに動き回ったり，会話中も相手の言葉を遮ってしゃべったり，列に並んで順番を待つことができなかったりして，常に落ち着かず多動な傾向を示します。

　このような多動で衝動的な行動を示す児童に対して，補助教員をつけて教室から飛び出した場合の安全確保に努めることがあります。小泉・若杉（2006）は，社会的スキルを訓練することで衝動的な問題行動をなくせることを報告しています。小泉と若杉は，個別指導に学級全体を巻き込んだ社会的スキル訓練を行っていますが，その結果，「プリントや授業に集中できない」「奇声を上げる」「ケンカをする」「遊びの邪魔をする」「友だちの勉強の邪魔をする」などといった問題行動が徐々に減り，ついには消失することを確認しています（表

表 11-5　注意欠陥・多動性障害の特徴

不注意
気が散りやすい。
不注意な間違いが多い。
集中力を要する活動を長時間続けることができない。
必要な物をよくなくす。
忘れ物が多い。

多動
じっとしていられない。
座っていても手足をたえず動かしている。
席に長く座っていられない。
会話中も相手の言葉を遮ってしゃべる。
列に並んで順番を待つことができない。

表 11-6　社会的スキル訓練による衝動的な問題行動の減少 (小泉・若杉, 2006)

児童 A のベースライン期における行動観察記録

週	5月2週	5月3週	5月4週	6月1週	6月2週	6月3週	6月4週	7月1週	7月2週	7月3週	9月1週	9月2週	9月3週
プリントや授業に集中できない	1.00	1.00	1.00	1.00	1.00	1.00	1.00	1.00	1.00	1.00	1.00	1.00	1.00
奇声を上げる	0.00	1.00	1.00	0.50	0.50	1.00	1.00	1.00	1.00	1.00	0.50	0.75	1.00
不適切な答えを言う	1.00	0.50	1.00	1.00	0.50	1.00	1.00	1.00	1.00	1.00	1.00	0.75	0.67
トイレに引きこもる	0.00	0.50	0.00	0.00	0.50	0.00	0.50	1.00	0.00	0.00	1.00	0.50	0.67
突然衝動的な行動を起こす	0.00	0.50	0.00	0.50	0.50	0.50	0.50	1.00	0.00	0.00	0.50	0.50	0.67
ケンカをする	0.00	0.50	0.00	0.50	0.50	0.50	0.50	1.00	0.00	0.00	0.50	0.50	0.67
遊びの邪魔をする	1.00	1.00	1.00	1.00	1.00	1.00	1.00	1.00	0.00	0.00	0.50	0.75	0.67
友だちの勉強の邪魔をする	0.00	0.50	1.00	0.50	0.50	1.00	1.00	1.00	1.00	1.00	0.50	0.25	0.67
観察日数	1	2	1	2	2	2	2	1	1	1	2	4	3

(注) 数字は観察日1日あたりの出現の割合 (0.00～1.00) を表す。

児童 A のトレーニング期以降における行動観察記録

週	9月4週	10月1週	10月2週	10月3週	10月4週	10月5週	11月2週	11月3週	11月4週	11月5週	12月1週	12月2週	12月3週	12月4週
プリントや授業に集中できない	0.50	1.00	1.00	1.00	0.20	0.00	0.67	0.00	0.00	0.00	0.25	0.00	0.33	0.00
奇声を上げる	0.83	1.00	0.00	0.00	0.20	0.20	0.00	0.00	0.00	0.00	0.00	0.00	0.00	0.00
不適切な答えを言う	0.17	0.00	0.25	0.75	0.20	0.40	0.00	0.00	0.00	0.00	0.00	0.00	0.00	0.00
トイレに引きこもる	0.33	0.00	0.50	1.00	0.20	0.20	0.33	0.20	0.00	0.25	0.00	0.00	0.00	0.00
突然衝動的な行動を起こす	0.33	0.00	0.50	0.00	0.40	0.20	0.00	0.00	0.00	0.25	0.00	0.00	0.00	0.00
ケンカをする	0.33	0.00	0.50	0.00	0.20	0.20	0.67	0.40	0.25	0.00	0.25	0.25	0.00	0.00
遊びの邪魔をする	0.17	1.00	0.25	0.25	0.00	0.00	0.00	0.00	0.00	0.00	0.00	0.00	0.00	0.00
友だちの勉強の邪魔をする	0.17	1.00	0.50	0.25	0.00	0.20	0.33	0.00	0.00	0.00	0.00	0.00	0.00	0.00
観察日数	6	1	4	4	5	5	3	5	4	4	4	4	3	2

(注) 数字は観察日1日あたりの出現の割合 (0.00～1.00) を表す。トレーニング期：9月第4週～10月第4週。

11-6)。

11.3.4　学 習 障 害

　知的発達障害は知的機能全般の発達が遅れているのに対して，学習障害は全般的な知的発達に遅れはみられないものの，何か特定の能力面に障害があり，その能力を必要とする学習に著しい困難を示します。学習障害の児童・生徒は特別支援学校・学級でなく通常学級で学ぶことになっており，必要な場合は通級指導を受けることになります。

　学習障害には，文字をきちんと区別できなかったり文を正確に読むことができなかったりする読字障害，教師の板書をノートに正確に写せなかったり聞いたことを書くことができなかったりする書字障害，計算ができなかったり数の大小がわからなかったり数的概念を理解できなかったりする算数障害などがあります。その他，文章を読むのが異常に遅かったり，文章を読んでも意味を理解できなかったりする場合もあります。

教育評価

12.1　教師による評価が児童・生徒に与える影響

　教育評価の目的には，学習指導に活かすためとかカリキュラム改善のためとか，さまざまなものがありますが，教育が学習者の発達を促進するために行われるものであることを考えると，教育評価は学習者の学習意欲を刺激するものでなければなりません。その意味では，成績表などによる評価ばかりでなく，日頃の何気ない評価的な言動にも，細心の注意を払う必要があります。教師の何気ない言動も，教育評価的な意味合いをもち，児童・生徒を動機づけたり，やる気を失わせたりします（コラム12-1）。

　評価が良ければ学習者は自信がもてるし，気をよくしてやる気になるでしょうが，評価が悪い場合も学習者が後ろ向きにならずに発憤するような言葉がけが求められます。また，何らかの課題で失敗すれば，当然のことながら挫折感に襲われますが，失敗を恐れていたら挑戦ができず，成長も期待できません。そこで，東（1989）は，失敗を否定的自己意識につなげないように，教育評価を児童・生徒の努力に敏感に反応するように工夫することを推奨しています（コラム12-2）。

　バトラー（1988）は，ある課題の成績をつけただけの答案を返した場合と，成績をつけた上で良いところや悪いところについてコメントを返した場合で，その後の課題遂行がどう異なるかを比較しています。その結果，とくに成績の悪い児童では，コメントがある場合は課題の成績が改善されているのに対して，成績だけを返された場合は何ら改善がみられませんでした。ここから，とくに成績の悪い学習者の場合，学習の仕方がよくわかっていないということがあるため，改善点のヒントとなるコメントを与えるような評価方法が有効といえます。

コラム12-1　児童・生徒を動機づけるような評価的言動

「(前略) 私は予習を怠って，先生の問に答えられなかったことが
あります。それで先生に油をしぼられたのですが，先生は叱りなが
ら合の手のように"東ともあろうものが何じゃ"というのが入る。
この言葉で，私は叱られるみじめさや辛さより，先生が私にも期待
してくださっていることを感じて，かえって嬉しかったものでした。
　また，私が不器用で絵は下手，苦手でしたが，美術のJ先生は，
作文が得意なのだからと，近くにあった三井コレクションを見に行
ってその感想文を書けばいいとしてくださいました。このおかげで
私は絵はうまくならなかったけれども美術は嫌いになりませんでし
た。」　　　　　　(東　洋 (著) 柏木惠子 (編)『教育の心理学』有斐閣)

コラム12-2　児童・生徒の努力に敏感に反応するような教育評価

「日米比較研究で，母親が子どもに積木分類を教える場面で印象
に残ったことがあります。細長い四角の赤い積木を母親が"これ，
どんな積木"とたずねた時，まだ5歳ですから"赤い積木"とか
"四角いの"というように，その積木の属性の一つを答える子ども
が多いのです。"四角くて長くて赤"というふうに完全な答ははじ
めからは出てきません。このように不完全な答えを母親が"そう
ね"と受け入れ，できたことを肯定した反応をしてやることが，い
い結果を生むようなのです。不完全なことを指摘して"それだ
け?"とか，"そうかしら"と否定的に反応した場合には，子ども
は自信を失ってしまいます。
　これに対して，"そうね"と，子どもができた部分を肯定的に受
けとめられた時，子どもは"あ，それで四角い"とか"色は赤い，
そして長い"という具合に，積極的に課題にとりくみ答えを展開し
ていくのでした。子どもは母親の肯定的なフィードバックで母親に
認められていることを知り，自分はできるのだという自信を得，も
っとやろうという意欲をもつことになったのだと思います。」
　　　　　　　　　(東　洋 (著) 柏木惠子 (編)『教育の心理学』有斐閣)

12.2　**教育評価の種類**

12.2.1　何を基準に評価するのか

1. 相 対 評 価

　相対評価とは，学習者の成績を属する集団内における相対的な位置づけによって評価するものです。偏差値などは，まさに相対評価の典型といえます。相対評価の場合，どのような所属集団を基準にするかにより，同じ成績でも評価が大きく違ってくることがあります。たとえば，学校内での相対評価では最上位に位置づけられても，学校の平均的成績が悪い場合は，全国での相対評価では平均並みの評価になるといったことも起こってきます。

　相対評価には，**表 12-1** のような長所および短所があります。本人がいくら頑張ってできることが増えても，みんなも同じように頑張ってできることが増えれば，位置づけは変わらず，下位に位置づけられる児童・生徒はやる気をなくしてしまうでしょう。

2. 絶 対 評 価

　絶対評価とは，一定の基準に達しているかどうかで評価するもので，到達度評価ともいいます。かつては学校の成績は相対評価でつけられていましたが，2002 年の学習指導要領の改訂により，絶対評価を用いるようになりました。

　絶対評価には，**表 12-1** のような長所および短所があります。絶対評価の基準として目にみえやすい基準ばかりを設定すると，ほんとうに学力がついているかをとらえられていないということにもなりかねません。

3. 個人内評価

　個人内評価とは，成績を学習者個人ごとの他の成績と照らし合わせて評価するものです。これには，本人の過去の成績と照らし合わせて評価する場合と，本人の他の教科の成績と照らし合わせて評価する場合があります。

　前者の場合，たとえば前学期の状態と比べてできることがどれくらい増えたかを評価することで成長の度合いをつかむことができると同時に，未だできるようにならない領域を知ることで今後の課題もみえてきます。後者の場合は，たとえば理系科目は得意だけど文系科目が苦手というように科目間の得手不得

表 12-1　評価基準による教育評価の分類

---

①相対評価……学習者の成績を属する集団内における相対的な位置づけに
よって評価するもの。
　　長所：集団内での自分の位置づけがわかりやすい。
　　　　　評価者である教師の主観に左右されにくい。
　　　　　児童・生徒が自分の教科ごとの評価を比較し，各教科の得意・
　　　　　不得意を把握しやすい。
　　短所：児童・生徒の頑張りが評価に反映されないことがある。
②絶対評価……一定の基準に達しているかどうかで評価するもの。
　　長所：集団の中の位置づけでなく，学力の実態を一目でつかむことが
　　　　　できる。
　　　　　評価結果をその後の指導につなげやすい。
　　短所：個人間の比較がしにくいため自分の位置づけがわからない。
　　　　　到達度を評価する基準として，何を設定するかが難しい。
③個人内評価……成績を学習者個人ごとの他の成績と照らし合わせて評価
　　　　　するもの。
　　本人の過去の成績と照らし合わせて評価するものと，本人の他の教科の
　成績と照らし合わせて評価するものがあるが，主に前者を指す。
　　長所：成長の度合いをつかむことができる。
　　　　　個人の実力の向上が評価に反映される。
　　　　　今後の課題もみえてくる。
　　　　　科目間の得手不得手といった個人の特徴をつかむことができる。
　　短所：成績上位を保っている児童・生徒の伸びよりも成績下位者の伸
　　　　　びのほうが大きい場合，後者のほうが成績が良くなるというこ
　　　　　とだと不公平感が生じる。

手といった個人の特徴をつかむこともできます。

　一般に個人内評価というときは，前者のように過去の状態との比較によって個人の成長具合をつかもうとするものを指します。相対評価の場合は，いくら努力してできることが増えても，他の児童・生徒もできることが同じように増えた場合，成績が変わらず，実力の向上が評価されませんが，個人内評価だと個人の実力の向上が評価に反映され，学習への動機づけを高めることができます。

　一方，個人内評価には，もともと学習内容をしっかり習得し成績上位を保っている児童・生徒の伸びよりも成績下位者の伸びのほうが大きい場合，前者のほうが成績が良くなるということだと不公平感が生じるといった問題があります。そうなると相対評価や絶対評価とうまく組み合わせることも必要となります。

12.2.2　何のための評価か

　教育評価を何のためにするのか，何に役立てようとするのかにより，診断的評価，形成的評価，統括的評価に分かれます（表12-2）。

1. 診断的評価

　診断的評価とは，学期のはじめや新しい単元に入るときなど学習活動に入る前に，知識や理解の現状を把握するため，テストを実施したり一連の質問をしたりするものです。知識や理解が十分でないと判断した場合は，これまでの復習から入り，新たな学習のためのレディネスをつくってから先に進むことになります。知識や理解が十分であれば，いきなり新たな学習に入っていけます。

2. 形成的評価

　形成的評価とは，学習活動の途中において，今の学習指導のやり方の効果を検討し，その後の学習指導に活かすために，たとえば小テストを実施したり，学習者の様子を観察したりして，理解度を確認しようとするものです。理解度が十分でなければ，学習指導のやり方の軌道修正をすることになります。

3. 総括的評価

　総括的評価とは，一定の学習活動を終えた後に，その成果を評価するもので

表 12-2　**評価目的による教育評価の分類**

---

①**診断的評価**……学期のはじめや新しい単元に入るときなど学習活動に入
　　　　　　　　る前に，知識や理解の現状を把握するため，テストを実
　　　　　　　　施したり一連の質問をしたりするもの。
②**形成的評価**……学習活動の途中において，今の学習指導のやり方の効果
　　　　　　　　を検討し，その後の学習指導に活かすために，たとえば
　　　　　　　　小テストを実施したり，学習者の様子を観察したりして，
　　　　　　　　理解度を確認しようとするもの。
③**総括的評価**……一定の学習活動を終えた後に，その成果を評価するもの。

す。これにより，学習者が学習内容をどの程度習得したかを把握できると同時に，その学習指導がどの程度効果的であったかを知ることもできます。学期末試験がこれに相当します。

12.2.3 だれが評価するのか

1. 他者評価

　教育評価においては，教師が児童・生徒という他者を評価するのが**他者評価**に相当します。学校での教育評価は，教師による他者評価が基本ですが，一人ひとりの学習状況にまでは教師の目が届きにくいため，学習活動の合間に児童・生徒の自己評価をはさみ，理解度を確認しながら進めるのが効果的と考えられます（表12-3）。

2. 自己評価

　教育評価においては，学習者である児童・生徒が自分自身を評価するのが**自己評価**に相当します。たとえば，授業の途中や終わりに，自分が授業内容をきちんと理解できているかを評価させたり，よくわからなかったところはどこかをはっきりさせたりすることで，本人の気づきや復習への自覚を促すとともに，その後の授業の組み立てを工夫するためのヒントが得られます。また，自己強化（第7章参照）という観点からすると，学習者自身が自分の学習状況を把握でき，学習への動機づけを高めることにつながりやすいと考えられます（表12-3）。

3. 相互評価

　教育評価においては，児童・生徒がお互いに評価し合うのが**相互評価**に相当します。自分のことは意外によくわからないもので，自己評価は思い込みで歪みがちです。そこで，仲間からどのように評価されているかを知ることで，自分自身を振り返るための新たな視点が獲得でき，自己認知の歪みを修正することができます。

表 12-3　評価者による教育評価の分類

①他者評価……教師が学習者である児童・生徒を評価するもの。
②自己評価……学習者である児童・生徒が自分自身を評価するもの。
③相互評価……学習者である児童・生徒がお互いに評価し合うもの。

コラム12-3　主体性を評価するというときの留意点

「（前略）部活動をする生徒の方が，自宅で興味のある分野の本を読みあさっている生徒や休みの日には森の中に入り込んで自然と触れ合っている生徒より主体的に物事に取り組んでいるとみなしていいものだろうか。

英検等の資格を取得する生徒の方が，資格と関係なく歴史を勉強している生徒や文学に親しんでいる生徒，あるいは哲学書を読みながら思索に耽っている生徒よりも主体的に学んでいるとみなすのは，果たして妥当だろうか。

そもそも内申書が主体性評価の根拠として用いられ，それが入試において点数化されるとなれば，入試のために仕方なく部活をやったり，ほんとうは志などないのに入試突破に有利だからとボランティア活動に加わったり，入試の得点を上げるために興味もない資格を取得したりする生徒も出てくるだろう。学校も塾も，生徒たちにそのような指導をするようになるに違いない。

それが主体性を育てることになるのだろうか。

むしろそうした動きに流されず，内申書の得点など気にせずに，自分の興味に忠実に過ごしている生徒の方が主体的に生きていると言えるのではないか。

結局，主体性を評価するような制度がないときの方が，生徒たちは主体的に学び，主体的に活動することができるのである。主体性評価などというものに取り込まれることで，生徒たちの主体性は奪われてしまう。

そして，わが道を行くという頑固な生徒，個性的な生徒は低く評価され，空気を読み，すぐに流される，いわゆる処世術に長けた生徒が高く評価されることになる。内申書の評価軸に学力のみならず心の姿勢までが取り入れられることによって，時代の空気に流される子どもや若者がますます増えていくだろう。何しろそれが大学入試を左右するのである。

このように主体性を評価するという制度は，非常に大きな矛盾を抱え込むことにならざるを得ない。」

（榎本博明『教育現場は困ってる』平凡社新書）

12.2.4　何をどう評価するのか

1. 評価の観点をめぐる最近の動向と疑問

　筆記試験の成績だけでなく，目に見えない学力を評価することが大切といわれるようになって，多様な評価方法が模索されるようになりました。学習の成果や過程を「知識・技能」「思考力・判断力・表現力」「主体性」といった観点から評価すべきとされますが，具体的にどうするかは未だ試行錯誤の段階といってよいでしょう（コラム12-3）。知識や理解の程度は筆記試験によって評価するのが一般的で，技能は実技試験で評価することができるでしょう。しかし，思考力や主体性を何らかの1つの試験で評価するのは困難です。そこで，課題に取り組む姿勢，授業中の様子，提出物など，さまざまな材料をもとに評価することになります。

　ある教科に関心や意欲をもって主体的に取り組んでいるかどうかを試験の成績と切り離して評価する動きもみられますが，それらは切り離せるものなのでしょうか。筆記試験の成績が良いということは，単に知識があるだけでなく，その科目内容に対する関心や学習意欲の高さのあらわれとみなすこともできるでしょう。授業中よく挙手をして発言し，放課後によく質問にくるのに試験の成績があまり良くない場合に，関心や意欲があり主体的に取り組んでいると評価してよいのでしょうか。評価を意識したパフォーマンスという場合もあるのではないでしょうか。

　また，深い学びが大切といわれるようになってきましたが，知識がないままで思考が深まるということはないはずです。知識と思考は密接に絡み合っており，筆記試験に解答する際も，論述式はもとより客観式であっても，知識を軸に思考力を駆使して取り組まないと出来の良い答案になりません。それにもかかわらず知識と思考を切り離して評価しようという動きには疑問を抱かざるを得ません。

　さらには，主体的に学習に取り組む態度というのは，そもそも他人が外から観察して評価できるようなものなのでしょうか。これを試験の成績から切り離し，日頃の態度をもとに評価することにより，見せかけの主体的態度を取り繕う姿勢が助長され，児童・生徒の間に教師から良い評価を引き出すために空気

表 12-4 **パフォーマンス課題におけるルーブリックのつくり方** （西岡, 2015）

①パフォーマンス課題を実施し，子どものパフォーマンスの事例（完成作品や実演）を集める。

②パッと見た印象で，「5　すばらしい」「4　良い」「3　合格」「2　もう一歩」「1　かなりの改善が必要」という5つのレベルで採点する。

　　数名で採点する場合は，お互いの採点がわからないように，採点を作品の裏に貼り付けるなどの工夫をする。全員が採点し終わったら，付箋紙を作品の表に貼り直す。

③それぞれのレベルに対応する作品群について，どのような特徴がみられるのかを読み取り，記述語を作成する。

　　複数名でつくる場合は，意見が一致した作品から分析するとよい。一通りの記述語ができたら，意見が分かれた作品について検討し，それらの作品についても的確に評価できるように記述語を練り直す。

④必要に応じて評価の観点を分けて，観点別ルーブリックにする。

　こうしてルーブリックを作成すると，各レベルに対応する典型的なパフォーマンスの事例（これを「アンカー作品」という）を整理することができる。ルーブリックにアンカー作品を添付しておくことによって，各レベルに求められているパフォーマンスの特徴をより明確に示すことができる。

を読む姿勢が広まることになりかねません。

　そうした疑問を念頭に置きつつ，新たに模索されているいくつかの評価方法についてみていきましょう。

2．パフォーマンス評価

　パフォーマンス評価とは，成果発表，実験，討論，論文，作品制作，演技，試合など，何らかの活動とその成果発表をもとに評価するものです。表面的・断片的な知識だけでは対処できない課題を与えることで，客観式試験ではなかなか知ることのできない学習の側面をとらえようとします。課題の設定を工夫することで，知識を深い思考や判断に結びつける力，それを効果的に表現する力につなげることが期待されます。

　ただし，実技系の教科以外にもむやみにパフォーマンス評価を取り入れようとすることで，評価者から見えやすい表面的なプレゼンテーションのスキルや自己主張の強さばかりが評価され，発言は少なくても内面で思考活動が活性化している学習者の主体的に学習に取り組む態度が評価されないといった問題も起こり得ます。ゆえに，ほんとうに深い学びの促進につながる評価方法の工夫が求められます。たとえば，主体的に取り組む姿勢も筆記試験等の成果から評価するなどの工夫もあるでしょう。

3．ルーブリック評価

　パフォーマンス評価は，客観式試験の採点と異なり，評価基準の設定が難しいため，ルーブリックと呼ばれる評価基準が用いられることがあります（**表12-4**）。**ルーブリック**とは，どのくらいできればどういう評価になるというように，パフォーマンス水準と評価を対応づける評価基準のことです（**表12-5**）。

　ただし，いくら評価基準を綿密に作成したところで，発表や討論，作品や演技を見て，そのパフォーマンスをどの程度うまくできていると評価するかには，評価者の主観が入り込みやすいといった問題があります。オリンピックなどにおいて，世界を代表する審査者が審査しても，体操やフィギュアスケートなどの演技の採点が審査者によって異なるのをみれば，評価の主観性を排除することの難しさがわかるでしょう。そのため，複数の評価者の視点を摺り合わせるなどの工夫が求められます。

表 12-5　**小学 4 年生理科「木の観察記録」に関するルーブリック**
（梅澤たち, 2003 を一部改変；西岡, 2015）

	課題意識の深まり
5 **すばらしい**	比較し, 変化を捉えるという意識が強くみられ, 観察の焦点が定まっている。観察から得られたことを確かめるために実験する, 多面的に観察する, 予想を立て検証するための観察をするなど, 調べようとする意識が非常に強く表れている。観察したことを理由づける, 関連づけて現象を総合的に捉える, 長期的に捉えるといった, 非常に優れた特徴がみられる。感動をもって, 観察している。
4 **良い**	比較し, 変化を捉えるという意識が強くみられ, 観察の焦点が定まっている。新発見について詳しく観察する, 予想を立てて観察する, いくつかの視点で変化を捉える, 理由を考えるといった優れた特徴がみられる。擬人化している場合も, 1 年間を通して木の命への意識の表れとしてである。
3 **合格**	優れた特徴がみられるが, 課題もみられる。観察の焦点を絞ろうという意識がみられるが, 印象を記述しているにすぎなかったり, 的外れな視点だったりする。また, 対象物に十分近づいておらず, 記述がおおざっぱであるという問題点がみられる場合もある。
2 **もう一歩**	観察はしているが, 観察の観点が少なく, 違いを 1 カ所みつけて満足していたり, やみくもに現象を計測しただけだったりする。なぜ, 詳しくみるのかの課題がはっきりしていない。
1 **かなりの** **改善が必要**	観察はしているが, いきあたりばったりで, 記述が羅列的である。
0 **記述なし**	記述がみられない。

4.　ポートフォリオ評価

　ポートフォリオ評価とは，筆記試験だけではとらえきれない学習状況や学習成果をとらえるため，試験の答案，実験や調べ物のレポート，作文，作品，教師による評価や指導の記録など，児童・生徒の学習活動の成果とみなし得るさまざまなものを総合的に評価するものです。これによって学習の成果を多元的に評価することができます。

　また，ポートフォリオの素材となるメモなどを日頃から学習者自身に収集させることで，児童・生徒が自分自身の学習の軌跡を振り返り，自分の学習スタイルの特徴に気づくきっかけを与えることができます。さらには，自分の成長を実感することで動機づけにつなげるといった利用の仕方も考えられます。

　西岡（2015）によれば，ポートフォリオ評価法とは，ポートフォリオづくりを通して子どもが自らの学習のあり方について自己評価することを促すとともに，教師も子どもの学習活動と自らの教育活動を評価するアプローチであると特徴づけています。

引用文献

第1章

東 洋（著）柏木 惠子（編）（1989）. 教育の心理学──学習・発達・動機の視点── 有斐閣

藤永 保（監修）（2013）. 最新 心理学事典 平凡社

第2章

安藤 寿康（2009）. 生命現象としてのパーソナリティ 榎本 博明・安藤 寿康・堀毛 一也 パーソナリティ心理学──人間科学, 自然科学, 社会科学のクロスロード──（pp.111-133）有斐閣

安藤 寿康（2016）. 日本人の9割が知らない遺伝の真実 SBクリエイティブ

Ball, S., & Bogatz, G. A.（1973）. Research on SESAME STREET: Some implications for compensatory education. In J. C. Stanley（Ed.）, *Compensatory education for children, age 2 to 8*（pp.11-12）. Johns Hopkins University Press.

Baltes, P. B., Reese, H. W., & Lipsitt, L. P.（1980）. Life-span developmental psychology. *Annual Review of Psychology*, *31*, 65-110.

Cadoret, R. J., Yates, W. R., Troughton, E., Woodworth, G., & Stewart, M. A.（1995）. Genetic-environmental interaction in the genesis of aggressivity and conduct disorders. *Archives of Genetic Psychology*, *52*, 916-924.

榎本 博明（2004）. パーソナリティの遺伝と環境 榎本 博明・桑原 知子（編著）新訂 人格心理学（pp.54-71）放送大学教育振興会

Erikson, E. H.（1982）. *The life cycle completed: A review*. New York: W. W. Norton.
（エリクソン, E. H. 村瀬 孝雄・近藤 邦夫（訳）（1989）. ライフサイクル, その完結 みすず書房）

藤永 保（2001）. ことばはどこで育つか 大修館書店

Hess, E. H.（1958）. "Imprinting" in animals. *Scientific American*, *198*, 81-90.

井上 健治（1979）. 子どもの発達と環境 東京大学出版会

Jensen, A. R.（1968）. Social class, race, and genetics: Implications for education. *American Educational Research Journal*, *5*, 1-42.

Jensen, A. R.（1972）. *Genetics and education*. New York: Harper & Row.
（ジェンセン, A. R. 岩井 勇児（監訳）（1978）. IQの遺伝と教育 黎明書房）

Lorenz, K.（1949/1960）. *Er redete mit dem Vieh, den Vögeln und den Fischen*.
（ローレンツ, K. 日高 敏隆（訳）（1970）. ソロモンの指環──動物行動学入門── 早川書房）

守屋 慶子（1977）. ソビエトの発達心理学──ルリヤを中心に── 村井 潤一（編）発達の

理論——発達と教育・その基本問題を考える——（pp.117-145） ミネルヴァ書房

Plomin, R. (1990). *Nature and nurture: An introduction to human behavioral genetics.* Belmont, CA: Thomson Brooks/Cole.

（プロミン，R. 安藤 寿康・大木 秀一（訳）（1994）．遺伝と環境——人間行動遺伝学入門—— 培風館）

Portmann, A. (1951). *Biologische Fragmente zu einer Lehre vom Menschen.*

（ポルトマン，A. 高木 正孝（訳）（1961）．人間はどこまで動物か——新しい人間像のために—— 岩波書店）

Rohracher, H. (1956). *Kleine Charakterkunde.* Wien-Innsbruck: Urban & Schwarzenberg.

（ローラッヘル，H. 宮本 忠雄（訳）（1966）．性格学入門 みすず書房）

Rowe, D. C. (1981). Environmental and genetic influences on dimensions of perceived parenting: A twin study. *Developmental Psychology, 17,* 203-208.

内田 伸子・浜野 隆（編著）（2012）．世界の子育て格差——子どもの貧困は超えられるか—— 金子書房

Vygotsky, L. S. (1935). 土井 捷三・神谷 栄司（訳）（2003）．「発達の最近接領域」の理論——教授・学習過程における子どもの発達—— 三学出版

第３章

Alloway, T. P., & Alloway, R. G. (2010). Investigating the predictive roles of working memory and IQ in academic attainment. *Journal of Experimental Child Psychology, 106,* 20-29.

Alloway, T. P., Gatthercole, S. E., Kirkwood, H., & Elliott, J. (2009). The cognitive and behavioral characteristics of children with low working memory. *Child Development, 80,* 606-621.

新井 紀子（2018）．AI vs. 教科書が読めない子どもたち 東洋経済新報社

Atkinson, R. C., & Shiffrin, R. M. (1968). Human memory: A proposed system and its control processes. In K. W. Spence, & J. T. Spence (Eds.), *The psychology of learning and motivation: Advance in research and theory.* Vol.2 (pp.89-195). New York: Academic Press.

Bower, T. G. R. (1971). The object in the world of the infant. *Scientific American, 225,* 30-38.

Cain, K. (2006). Children's reading comprehension: The role of working memory in normal and impaired development. In S. J. Pickering (Ed.), *Working memory and education* (pp.61-91). London: Academic Press.

Cain, K., Bryant, P. E., & Oakhill, J. V. (2004). Children's reading comprehension ability: Concurrent prediction by working memory, verbal ability, and component skills. *Journal of Educational Psychology, 96,* 31-42.

Cowan, N. (2016). Working memory maturation: Can we get at the essence of cognitive growth? *Perspectives on Psychological Science, 11,* 239-264.

榎本 博明（2016）．記憶力を高める科学——勉強や仕事の効率を上げる理論と実践—— SB クリエイティブ

藤永 保（1995）．発達環境学へのいざない　新曜社

藤永 保（2001）．ことばはどこで育つか　大修館書店

藤永 保（監修）（2013）．最新　心理学事典　平凡社

Gathercole, S. E., & Alloway, T. P.（2008）．*Working memory and learning: A practical guide for teachers.* London: Sage.

　　（ギャザコール，S. E.・アロウェイ，T. P.　湯澤 正通・湯澤 美紀（訳）（2009）．ワーキングメモリと学習指導――教師のための実践ガイド――　北大路書房）

Gathercole, S. E., Pickerring, S. J., Ambridge, B., & Wearing, H.（2004）．The structure of working memory from 4 to 15 years of age. *Developmental Psychology, 40,* 177-190.

林 創（2020）．認知発達　糸井 尚子・上淵 寿（編著）教育心理学（pp.41-53）　学文社

市川 伸一（1990）．青年の知的発達　無藤 隆・高橋 惠子・田島 信元（編）発達心理学入門 II――青年・成人・老人――（pp.31-45）　東京大学出版会

神谷 栄司（2019）．言葉の内と外　ヴィゴツキー，L. S.・ポラン，F. 神谷 栄司（編著訳）小川 雅美・伊藤 美和子（訳）ヴィゴツキー，ポラン／言葉の内と外――パロルと内言の意味論――（pp.149-188）　三学出版

刈谷 剛彦（2012）．アメリカの大学・ニッポンの大学――TA，シラバス，授業評価――　中央公論新社

水口 啓吾・湯澤 正通（2020）．授業デザインがワーキングメモリの小さい生徒の授業態度に及ぼす影響――先行学習を取り入れた授業に焦点を当てて――　発達心理学研究, *31,* 67-79.

岡本 夏木（1977）．ピアジェの知能の発生的段階説　村井 潤一（編）発達の理論――発達と教育・その基本問題を考える――（pp.65-116）　ミネルヴァ書房

Piaget, J.（1932）．*The moral judgement of the child.* New York: Free Press.

Piaget, J., & Inhelder, B.（1966）．*La psychologie de l'enfant.* Paris: Presses Universitaires de France.

　　（ピアジェ，J. 波多野 完治・須賀 哲夫・周郷 博（訳）（1969）．新しい児童心理学　白水社）

Pressley, M., McDaniel, M. A., Turnure, J. E., Wood, E., & Ahmad, M.（1987）．Generation and precision of elaboration: Effects of intentional and incidental learning. *Journal of Experimental Psychology: Learning, Memory, and Cognition, 13,* 291-300.

Raghubar, K. P., Barnes, M. A., & Hecht, S. A.（2010）．Working memory and mathematics: A review of developmental, individual difference, and cognitive approaches. *Learning and Individual Differences, 20,* 110-122.

Rogers, T. B., Kuiper, N. A., & Kirker, W. S.（1977）．Self-reference and the encoding of personal information. *Journal of Personality and Social Psychology, 35,* 677-688.

Swanson, H. L., & Howell, M.（2001）．Working memory, short-term memory, and speech rate as predictors of children's reading performance at different ages. *Journal of Educational Psychology, 93,* 720-734.

豊田 弘司（1989）．偶発学習に及ぼす自伝的精緻化の効果　教育心理学研究, *37*, 234-242.

Toyota, H.（1997）. Effects of between-item elaboration, within-item elaboration, and autobiographical elaboration on incidental free recall. *Perceptual and Motor Skills, 85*, 1279-1287.

Vygotsky, L. S.（1934）．神谷 栄司（訳）（2019）．ヴィゴツキー――思惟と語―― ヴィゴツキー，L, S.・ボラン，F. 神谷 栄司（編著訳）・小川 雅美・伊藤 美和子（訳）ヴィゴツキー，ポラン／言葉の内と外――パロルと内言の意味論――（pp.53-147）　三学出版

Warren, M. W., Hughes, A. T., & Tobias, S. B.（1985）. Autobiographical elaboration and memory for adjectives. *Perceptual and Motor Skills, 60*, 55-58.

渡部 雅之（2019）．ことばと描画の発達　渡部 雅之・豊田 弘司　教育心理学 I ――発達と学習―― 第 2 版（pp.35-48）　サイエンス社

湯澤 正通（2019）．ワーキングメモリの発達と児童生徒の学習――読み書き・算数障害への支援―― 発達心理学研究, *30*, 188-201.

湯澤 正通・渡辺 大介・水口 啓吾・森田 愛子・湯澤 美紀（2013）．クラスでワーキングメモリの相対的に小さい児童の授業態度と学習支援　発達心理学研究, *24*, 380-390.

第 4 章

Ardila, A.（2008）. On the evolutionary origins of executive functions. *Brain and Cognition, 68*, 92-99.

東 洋（著）柏木 惠子（編）（1989）．教育の心理学――学習・発達・動機の視点―― 有斐閣

Best, J. R., Miller, P. H., & Naglieri, J. A.（2011）. Relations between executive function and academic achievement from ages 5 to 17 in a large, representative national sample. *Learning and Individual Differences, 21*, 327-336.

Carlson, S. M.（2005）. Developmentally sensitive measures of executive function in preschool children. *Developmental Neuropsychology, 28*, 595-616.

Cattell, R. B.（1963）. Theory of fluid and crystallized intelligence: A critical experiment. *Journal of Educational Psychology, 54*, 1-22.

Cragg, L.（2016）. The development of stimulus and response interference control in midchildhood. *Developmental Psychology, 52*, 242-252.

Cragg, L., & Nation, K.（2008）. Go or no-go? Developmental improvements in the efficiency of response inhibition in mid-childhood. *Developmental Science, 11*, 819-827.

Dunn, R., & Dunn, K.（1978）. *Teaching students through their individual learning styles: A practical approach*. Reston, VA: Reston.

Gardner, H.（1999）. *Intelligence reframed: Multiple intelligences for the 21st century*. New York: Basic Books.
　（ガードナー，H. 松村 暢隆（訳）（2001）．MI――個性を生かす多重知能の理論―― 新曜社）

Garon, N., Bryson, S. E., & Smith, I. M.（2008）. Executive function in preschoolers: A review using an integrative framework. *Psychological Bulletin, 134,* 31-60.

Gathercole, S. E., & Pickering, S. J.（2000）. Working memory deficits in children with low achievements in the national curriculum at 7 years of age. *The British Journal of Educational Psychology, 70,* 177-194.

Horn, J. L.（1970）. Organization of date on life-span development of human abilities. In L. R. Goulet, & P. B. Baltes（Eds.）, *Life span developmental psychology: Research and theory.* Academic Press.

Horn, J. L., & Donaldson, G.（1980）. Cognitive development in adulthood. In O. G. Brim, & J. Kagan（Eds.）, *Constancy and change in human development*（pp.445-529）. Cambridge, MA: Harvard University Press.

池田 吉史（2019）. 児童期における抑制の定型発達と非定型発達　発達心理学研究, *30,* 219-230.

Kagan, J., Rosman, B., Day, D., Albert, J., & Phillips, W.（1964）. Information processing in the child: Significance of analytic and reflective attitudes. *Psychological Monographs: General and Applied, 78,* 1-37.

柏木 惠子（1996）. 発達とは？——獲得と消失のダイナミックスとしての発達過程——　柏木 惠子・古澤 頼雄・宮下 孝広　発達心理学への招待——こころの世界を開く30の扉——（pp.13-19）　ミネルヴァ書房

Mischel, W.（2014）. *The marshmallow test: Mastering self-control.* New York: Little, Brown and Company.
（ミシェル, W. 柴田 裕之（訳）（2017）. マシュマロ・テスト——成功する子・しない子——　早川書房）

Miyake, A., Friedman, N. P., Emerson, M. J., Witzki, A. H., Howerter, A., & Wager, T. D.（2000）. The unity and diversity of executive functions and their contributions to complex "Frontal Lobe" tasks: A latent variable analysis. *Cognitive Psychology, 41,* 49-100.

Moffitt, T. E., Arseneault, L., Belsky, D., Dickson, N., Hancox, R. J., Harrington, H., Houts, R., Poulton, R., Roberts, B. W., Ross, S., Sears, M. R., Thomson, W. M., & Caspi, A.（2011）. A gradient of childhood self-control predicts health, wealth, and public safety. *Proceedings of the National Academy of Sciences of the United States of America, 108,* 2693-2698.

森口 佑介（2019）. 実行機能の発達の脳内機構　発達心理学研究, *30,* 202-207.

Ponitz, C. C., McClelland, M. M., Matthews, J. S., & Morrison, F. J.（2009）. A structured observation of behavioral self-regulation and its contribution to kindergarten outcomes. *Developmental Psychology, 45,* 605-619.

Spearman, C.（1904）. "General intelligence", objectively determined and measured. *The American Journal of Psychology, 15,* 201-293.

Steelandt, S., Thierry, B., Broihanne, M. H., & Dufour, V.（2012）. The ability of children to delay gratification in an exchange task. *Cognition, 122,* 416-425.

Sternberg, R. J.（1997）. *Successful intelligence: How practical and creative intelligence determine success in life.* New York: Simon & Schuster.

（スタンバーグ，R. J. 小此木 啓吾・遠藤 公美恵（訳）（1998）．知能革命――ストレス
を超え実りある人生へ――　潮出版社）

多鹿 秀継（2018）．認知の個人差と教育を理解する　多鹿 秀継・上淵 寿・堀田 千絵・津田
恭充　読んでわかる教育心理学（pp.133-153）　サイエンス社

Thurstone, L. L. (1938). Primary mental abilities. *Psychometric Monographs, 1,* ix + 121.

柳岡 開地（2019）．乳幼児期における実行機能とルーティンの獲得の相補性――抑制と切り
替えに着目して――　発達心理学研究, *30,* 208-218.

Zelazo, P. D., Anderson, J. E., Richler, J., Wallner-Allen, K., Beaumont, J. L., & Weintraub, S.
(2013). II. NIH Toolbox Cognition Battery (CB): Measuring executive function and atten-
tion. *Monographs of the Society for Research in Child Development, 78,* 16-33.

第5章

Armsden, G. C., & Greenberg, M. T. (1987). The inventory of parent and peer attachment:
Individual differences and their relationship to psychological well-being in adolescence.
Journal of Youth and Adolescence, 16, 427-454.

Bachman, J. G., & O'Malley, P. M. (1986). Self-concepts, self-esteem, and educational experi-
ences: The frog pond revisited (again). *Journal of Personality and Social Psychology, 50,*
35-46.

Brennan, K. A., & Morris, K. A. (1997). Attachment styles, self-esteem, and patterns of seeking
feedback from romantic partners. *Personality and Social Psychology Bulletin, 23,* 23-31.

Broughton, J. (1978). Development of concept of self, mind, reality, and knowledge. *New
Directions for Child and Adolescent Development, 1,* 75-100.

Buri, J. R., Murphy, P., Richsmeier, L. M., & Komar, K. K. (1992). Stability of parental nurtur-
ance as a salient predictor of self-esteem. *Psychological Reports, 71,* 535-543.

Calsyn, R. J., & Kenny, D. A. (1977). Self-concept of ability and perceived evaluation of others:
Cause or effect of academic achievement? *Journal of Educational Psychology, 69,* 136-145.

Coates, D. L. (1985). Relationships between self-concept measures and social network charac-
teristics for Black adolescents. *The Journal of Early Adolescence, 5,* 319-338.

Dubow, E. F., & Ullman, D. G. (1989). Assessing social support in elementary school children:
The survey of children's social support. *Journal of Clinical Child Psychology, 18,* 52-64.

遠藤 毅（1981）．自己概念に関する研究　日本教育心理学会第23回総会発表論文集,
420-421.

榎本 博明（1991）．自己開示と自我同一性地位の関係について　中京大学教養論叢, *32,*
187-199.

榎本 博明（1998）．「自己」の心理学――自分探しへの誘い――　サイエンス社

榎本 博明（2002）．〈ほんとうの自分〉のつくり方――自己物語の心理学――　講談社

榎本 博明（2015）．〈自分らしさ〉って何だろう？――自分と向き合う心理学――　筑摩書房

Erikson, E. H. (1959). *Identity and the life cycle: Selected papers.* New York: International University Press.
（エリクソン，E. H. 小此木 啓吾（訳編）(1973)．自我同一性──アイデンティティと ライフサイクル── 誠信書房）

Greenberg, M. T., Siegel, J. M., & Leitch, C. J. (1983). The nature and importance of attachment relationships to parents and peers during adolescence. *Journal of Youth and Adolescence, 12,* 373-386.

Josselson, R. (1996). *Revising herself: The story of women's identity from college to midlife.* New York: Oxford University Press.

Kagan, J. (1981). *The second year: The emergence of self-awareness.* Cambridge, MA: Harvard University Press.

唐沢 真弓・柏木 恵子（1985）．幼児における自己認識──言語を媒介とした方法でどれだけ 捉えられるか？── 発達研究, *1,* 41-52.

Katz, P., & Zigler, E. (1967). Self-image disparity: A developmental approach. *Journal of Personality and Social Psychology, 5,* 186-195.

Keller, A., Ford, L. H. Jr., & Meacham, J. A. (1978). Dimensions of self-concept in preschool children. *Developmental Psychology, 14,* 483-489.

Kroger, J. (1995). The differentiation of "firm" and "developmental" foreclosure identity statuses: A longitudinal study. *Journal of Adolescent Research, 10,* 317-337.

Kroger, J. (2000). *Identity development: Adolescence through adulhood.* SAGE.
（クロガー，J. 榎本 博明（編訳）(2005)．アイデンティティの発達──青年期から成人 期── 北大路書房）

Lempers, J. D., & Clarke-Lempers, D. S. (1992). Young, middle, and late adolescents comparisons of the functional importance of five significant relationships. *Journal of Youth and Adolescence, 21,* 54-96.

Livesley, W. J., & Bromley, D. B. (1973). *Person perception in childhood and adolescence.* London: Wiley.

Markus, H., & Nurius, P. (1986). Possible selves. *American Psychologist, 41,* 954-969.

Marsh, H. W. (1987). The big-fish-little-pond effect on academic self-concept. *Journal of Educational Psychology, 79,* 280-295.

Marsh, H. W., Byrne, B. M., & Shavelson, R. J. (1988). A multifaceted academic self-concept: Its hierarchical structure and its relation to academic achievement. *Journal of Educational Psychology, 80,* 366-380.

Marsh, H. W., & Shavelson, R. (1985). Self-concept: Its multifaceted, hierarchical structure. *Educational Psychologist, 20,* 107-123.

Maslow, A. H. (1954). *Motivation and personality.* New York: Harper & Row.
（マズロー，A. H. 小口 忠彦（監訳）(1971)．人間性の心理学──モチベーションとパ ーソナリティ── 産業能率短期大学出版部）

McCormick, C. B., & Kennedy, J. H.（1994）. Parent-child attachment working models and self-esteem in adolescence. *Journal of Youth and Adolescence, 23*, 1-18.

McGuire, K. D., & Weisz, J. R.（1982）. Social cognition and behavior correlates of preadolescent chumship. *Child Development, 53*, 1483-1484.

Michael, W. B., Denny, B., Knapp-Lee, L., & Michael, J. J.（1984）. The development and validation of a preliminary research form of an academic self-concept measure for college students. *Educational and Psychological Measurement, 44*, 373-381.

Michael, W. B., & Smith, R. A.（1976）. The development and preliminary validation of three forms of a self-concept measure emphasizing school-related activities. *Educational and Psychological Measurement, 36*, 521-528.

Montemayor, R., & Eisen, M.（1977）. The development of self-conceptions from childhood to adolescence. *Developmental Psychology, 13*, 314-319.

Papini, D. R., Sebby, R. A., & Clark, S.（1989）. Affective quality of family relations and adolescent identity exploration. *Adolescence, 24*, 457-466.

Paterson, J., Pryor, J., & Field, J.（1995）. Adolescent attachment to parents and friends in relation to aspects of self-esteem. *Journal of Youth and Adolescence, 24*, 365-376.

Perosa, L. M., Perosa, S. L., & Tam, H. P.（1996）. The contribution of family structure and differentiation to identity development in females. *Journal of Youth and Adolescence, 25*, 817-837.

Quintana, S. M., & Lapsley, D. K.（1990）. Rapprochement in late adolescent separation-individuation: A structural equations approach. *Journal of Adolescence, 13*, 371-385.

Rosenberg, M.（1986）. Self-concept from middle childhood through adolescence. In J. Suls, & A. G. Greenwald（Eds.）, *Psychological perspectives on the self.* Vol.3（pp.107-135）. Hillsdale, NJ: Lawrence Erlbaum.

Shavelson, R. J., & Bolus, R.（1982）. Self-concept: The interplay of theory and methods. *Journal of Educational Psychology, 74*, 3-17.

Shavelson, R. J., Hubner, J. J., & Stanton, G. C.（1976）. Self-concept: Validation of construct interpretations. *Review of Educational Research, 46*, 407-441.

Song, I.-s., & Hattie, J.（1984）. Home environment, self-concept, and academic achievement: A causal modeling approach. *Journal of Educational Psychology, 76*, 1269-1281.

Townsend, M. A. R., McCracken, H. E., & Wilton, K. M.（1988）. Popularity and intimacy as determinants of psychological well-being in adolescent friendships. *The Journal of Early Adolescence, 8*, 421-436.

West, C. K., Fish, J. A., & Stevens, R. J.（1980）. General self-concept, self-concept of academic ability and school achievement: Implications for "causes" of self-concept. *Australian Journal of Education, 24*, 194-213.

柳井 修（1977）. 自己意識に関する研究　日本心理学会第 41 回大会発表論文集

第6章

Carlo, G., Crockett, L. J., Randall, B. A., & Roesch, S. C. (2007). A latent growth curve analysis of prosocial behavior among rural adolescents. *Journal of Research on Adolescence, 17,* 301-324.

Davis, M. H. (1983). Measuring individual differences in empathy: Evidence for a multidimensional approach. *Journal of Personality and Social Psychology, 44,* 113-126.

Davis, M. H., & Franzoi, S. L. (1991). Stability and change in adolescent self-consciousness and empathy. *Journal of Research in Personality, 25,* 70-87.

Eisenberg, N. (1982). Introduction. In N. Eisenberg (Ed.), *The development of prosocial behavior* (pp.1-21). New York: Academic Press.

Eisenberg, N., Carlo, G., Murphy, B., & Court, P. (1995). Prosocial development in late adolescence: A longitudinal study. *Child Development, 66,* 1179-1197.

Eisenberg, N., & Fabes, R. A. (1998). Prosocial development. In N. Eisenberg (Ed.), *Handbook of child psychology. Vol.3. Social, emotional, and personality development* (5th ed., pp.701-778). Hoboken, NJ: John Wiley & Sons.

Eisenberg, N., Fabes, R. A., & Spinrad, T. (2006). Prosocial development. In N. Eisenberg (Ed.), *Handbook of child psychology. Vol.3. Social, emotional, and personality development* (6th ed., pp.646-718). Hoboken, NJ: John Wiley & Sons.

Eisenberg, N., Miller, P. A., Shell, R., McNalley, S., & Shea, C. (1991). Prosocial development in adolescence: A longitudinal study. *Developmental Psychology, 27,* 849-857.

Eisenberg, N., Shell, R., Pasternack, J., Lennon, R., Beller, R., & Mathy, R. M. (1987). Prosocial development in middle childhood: A longitudinal study. *Developmental Psychology, 23,* 712-718.

Eisenberg, N., & Spinrad, T. (2014). Multidimensionality of prosocial behavior: Rethinking the conceptualization and development of prosocial behavior. In L. M. Padilla-Walker, & G. Calro (Eds.), *Prosocial development: A multidimensional approach* (pp.17-42). New York: Oxford University Press.

榎本 博明 (2017).「やさしさ」過剰社会──人を傷つけてはいけないのか── PHP研究所

Fabes, R. A., Carlo, G., Kupanoff, K., & Laible, D. (1999). Early adolescence and prosocial/moral behavior: The role of individual process. *Journal of Early Adolescence, 19,* 5-16.

Hoffman, M. L. (2000). *Empathy and moral development: Implications for caring and justice.* New York: Cambridge University Press.
(ホフマン, M. L. 菊池 章夫・二宮 克美 (訳) (2001). 共感と道徳性の発達心理学──思いやりと正義とのかかわりで── 川島書店)

一柳 智紀 (2014). 道徳授業を通した児童の道徳性の発達過程──社会文化的アプローチに基づくワークシートの記述の縦断的検討── 発達心理学研究, *25,* 387-398.

Kohlberg, L. (1969). Stage and sequence: The cognitive-developmental approach to socialization. In D. A. Goslin (Ed.), *Handbook of socialization theory and research* (pp.347-480). Chicago: Rand McNally.

(コールバーグ, L. 永野 重史 (監訳) (1987). 道徳性の形成——認知発達的アプローチ—— 新曜社)

Kohlberg, L., & Colby, A. (1975). Moral development and moral education. In G. Steiner (Ed.), *Psychology in the twentieth century.* Kindler Verlag.

Kokko, K., Tremblay, R. E., Lacourse, E., Nagin, D. S., & Vitaro, F. (2006). Trajectories of pro-social behavior and physical aggression in middle childhood: Links to adolescent school dropout and physical violence. *Journal of Research on Adolescence, 16,* 403-428.

Londerville, S., & Main, M. (1981). Security of attachment, compliance, and maternal training methods in the second year of life. *Developmental Psychology, 17,* 289-299.

Malti, T., Averdijk, M., Zuffiano, A., Ribeaud, D., Betts, L. R., Rotenberg, K. J., & Eisner, M. P. (2015). Children's trust and the development of prosocial behavior. *International Journal of Behavioral Development, 40,* 262-270.

Midlarsky, E., & Hannah, M. E. (1985). Competence, reticence, and helping by children and adolescents. *Developmental Psychology, 21,* 534-541.

Moir, D. J. (1974). Egocentrism and the emergence of conventional morality in preadolescent girls. *Child Development, 45,* 299-304.

中里 至正・杉山 憲司 (1988). 道徳的行動に関する発達的研究——最近の減少傾向の検討—— 東洋大学昭和 63 年度特別研究報告書, 46-52.

二宮 克美 (2010). 向社会的行動の判断 菊池 章夫・二宮 克美・堀毛 一也・斎藤 耕二 (編著) 社会化の心理学／ハンドブック——人間形成への多様な接近—— (pp.277-290) 川島書店

西村 多久磨・村上 達也・櫻井 茂男 (2018). 向社会性のバウンスバック——児童期中期から青年期前期を対象として—— 心理学研究, *89,* 345-355.

大平 健 (1995). やさしさの精神病理 岩波書店

Richardson, D. R., Hammock, G. S., Smith, S. M., Gardner, W., & Signo, M. (1994). Empathy as a cognitive inhibitor of interpersonal aggression. *Aggressive Behavior, 20,* 275-289.

坂井 玲奈 (2005). 思いやりに関する研究の概観と展望——行動に表れない思いやりに注目する必要性の提唱—— 東京大学大学院教育学研究科紀要, *45,* 143-148.

首藤 敏元・二宮 克美 (2003). 子どもの道徳的自律の発達 風間書房

杉山 憲司 (1991). 愛他行動 繁多 進・青柳 肇・田島 信元・矢澤 圭介 (編) 社会性の発達心理学 (pp.213-224) 福村出版

杉山 憲司・中里 至正 (1985). 愛他行動と共感性との関連について 日本教育心理学会第 27 回総会発表論文集, 74-75.

Tappan, M. B. (2006). Mediated moralities: Sociocultural approaches to moral development. In M. Killen, & J. G. Smetana (Eds.), *Handbook of moral development* (pp.351-374). NJ: Lawrence Erlbaum.

Turiel, E.（2008）. Thought about actions in social domains: Morality, social conventions, and social interactions. *Cognitive Development, 23*, 136-154.

渡部 雅之（1995）. わかる――他視点の理解―― 空間認知の研究会（編）空間に生きる ――空間認知の発達的研究――（pp.42-53） 北大路書房

渡部 雅之（2019）. 社会性の発達 渡部 雅之・豊田 弘司 教育心理学Ⅰ――発達と学習―― 第2版（pp.85-100） サイエンス社

Wertsch, J. V.（1998）. *Mind as action*. New York: Oxford University Press.

（ワーチ, J. V. 佐藤 公治・田島 信元・黒須 俊夫・石橋 由美・上村 佳世子（訳）（2002）. 行為としての心 北大路書房）

山岸 明子（1976）. 道徳判断の発達 教育心理学研究, *24*, 97-106.

山岸 明子（2006）. 現代小学生の約束概念の発達――22年前との比較―― 教育心理学研究, *54*, 141-150.

Zahn-Waxler, C., Radke-Yarrow, M., & King, R. A.（1979）. Child rearing and children's prosocial initiations toward victims of distress. *Child Development, 50*, 319-330.

第7章

Anderson, C. A., & Bushman, B. J.（2001）. Effects of violent video games on aggressive behavior, aggressive cognition, aggressive affect, physiological arousal, and prosocial behavior: A meta-analytic review of the scientific literature. *Psychological Science, 12*, 353-359.

東 洋（著）柏木 惠子（編）（1989）. 教育の心理学――学習・発達・動機の視点―― 有斐閣

Bandura, A.（1977）. *Social learning theory*. Prentice-Hall.

（バンデュラ, A. 原野 広太郎（監訳）（1979）. 社会的学習理論――人間理解と教育の基礎―― 金子書房）

Bandura, A., & Perloff, B.（1967）. Relative efficacy of self-monitored and externally imposed reinforcement systems. *Journal of Personality and Social Psychology, 7*, 111-116.

Bushman, B. J.（1995）. Moderating role of trait aggressiveness in the effects of violent media on aggression. *Journal of Personality and Social Psychology, 69*, 950-960.

Fromm, E.（1941）. *Escape from freedom*. New York: Holt, Rinehart & Winston.

（フロム, E. 日高 六郎（訳）（1951）. 自由からの逃走 東京創元社）

Hall, E. T.（1976）. *Beyond culture*. Garden City, NY: Anchor Press.

（ホール, E. T. 岩田 慶治・谷 泰（訳）（1979）. 文化を超えて TBSブリタニカ）

Huesmann, L. R.（2007）. The impact of electronic media violence: Scientific theory and research. *Journal of Adolescent Health, 41*, S6-S13.

Huesmann, L. R., Moise-Titus, J., Podolski, C.-L., & Eron, L. D.（2003）. Longitudinal relations between children's exposure to TV violence and their aggressive and violent behavior in young adulthood: 1977-1992. *Developmental Psychology, 39*, 201-221.

Kluckhohn, C.（1949）. *Mirror for man: The relation of anthropology to modern life*. New York:

Whittlesey House.

（クラックホーン，C. 光延 明洋（訳）（1971）．人間のための鏡——アメリカの文化人類学の世界的権威による古典的名著——　サイマル出版会）

Paik, H., & Comstock, G.（1994）. The effects of television violence on antisocial behavior: A meta-analysis. *Communication Research*, *21*, 516-546.

Skinner, B. F.（1938）. *The behavior of organisms: An experimental analysis*. NJ: Prentice-Hall.

竹綱 誠一郎（1984）．自己評価反応が漢字学習に及ぼす効果　教育心理学研究，*32*，315-319.

臼井 博（1997）．日本の幼児教育実践の特徴　三宅 和夫・内田 伸子（編）乳幼児心理学（pp.135-143）　放送大学教育振興会

臼井 博（2001）．アメリカの学校文化　日本の学校文化——学びのコミュニティの創造——金子書房

Yerkes, R. M., & Morgulis, S.（1909）. The method of Pavlov in animal psychology. *Psychological Bulletin*, *6*, 257-273.

第8章

Aronson, E., Stephan, C., Sikes, J., Blaney, N., & Snapp, M.（1978）. *The jigsaw classroom*. Beverly Hills, CA: SAGE.

（アロンソン，E. 他　松山 安雄（訳）（1986）．ジグソー学級——生徒と教師の心を開く協同学習法の教え方と学び方——　原書房）

Ausubel, D. P.（1960）. The use of advance organizers in the learning and retention of meaningful verbal material. *Journal of Educational Psychology*, *51*, 267-272.

Ausubel, D. P.（1963）. *The psychology of meaningful verbal learning*. New York: Grune & Stratton.

東 洋（著）柏木 惠子（編）（1989）．教育の心理学——学習・発達・動機の視点——　有斐閣

Bandura, A.（1977）. *Social learning theory*. Prentice-Hall.

（バンデュラ，A. 原野 広太郎（監訳）（1979）．社会的学習理論——人間理解と教育の基礎——　金子書房）

Bruner, J. S.（1961）. The act of discovery. *Harvard Educational Review*, *31*, 21-32.

Cronbach, L. J.（1957）. The two disciplines of scientific psychology. *American Psychologist*, *12*, 671-684.

Desoete, A., & Roeyers, H.（2006）. Metacognitive macroevaluations in mathematical problem solving. *Learning and Instruction*, *16*, 12-25.

Dominowski, R. L.（1998）. Verbalization and problem solving. In D. J. Hacker, J. Dunlosky, & A. C. Graesser (Eds.), *Metacognition in educational theory and practice* (pp.25-45). Hillsdale, NJ: Lawrence Erlbaum.

深谷 達史・植阪 友理・太田 裕子・小泉 一弘・市川 伸一（2017）．知識の習得・活用および学習方略に焦点をあてた授業改善の取り組み　教育心理学研究，*65*，512-525.

Hartman, H., & Sternberg, J. (1993). A broad BACEIS for improving thinking. *Instructional Science, 21,* 401-425.

市川 伸一（編著）(2017). 授業からの学校改革――「教えて考えさせる授業」による主体的・対話的で深い習得―― 図書文化社

板倉 聖宣 (1966). 未来の科学教育 国土社

伊藤 貴昭・垣花 真一郎 (2009). 説明はなぜ話者自身の理解を促すか――聞き手の有無が与える影響―― 教育心理学研究, *57,* 86-98.

Kramarski, B. (2004). Making sense of graphs: Does metacognitive instruction make a difference on students' mathematical conceptions and alternative conceptions? *Learning and Instruction, 14,* 593-619.

水口 啓吾・湯澤 正通 (2020). 授業デザインがワーキングメモリの小さい生徒の授業態度に及ぼす影響――先行学習を取り入れた授業に焦点を当てて―― 発達心理学研究, *31,* 67-79.

小田切 歩 (2016). 高校の数学授業での協同学習における個人の説明構築による理解深化メカニズム――数列と関数の関連づけに着目して―― 教育心理学研究, *64,* 456-476.

岡部 和子 (2001). 自ら解決を高めていく児童をめざして――ふきだし法により自己を意識させる指導を通して―― 日本数学教育学会誌, *83,* 9-16.

岡本 真彦 (1992). 算数文章題の解決におけるメタ認知の検討 教育心理学研究, *40,* 81-88.

大村 彰道 (1977). 教材のシーケンシング（系列化） 北川敏男（編）教育のプログラム (pp.43-78) 共立出版

Palincsar, A. S., & Brown, A. L. (1984). Reciprocal teaching of comprehension-fostering and comprehension-monitoring activities. *Cognition and Instruction, 1,* 117-175.

重松 敬一・勝美 芳雄・上田 喜彦 (1989). 子供の思考を生かした算数指導――「もうひとりの自分」を意識させる学習ノート―― 日本数学教育学会誌, *71,* 267-272.

篠ヶ谷 圭太 (2008). 予習が授業理解に与える影響とそのプロセスの検討――学習観の個人差に注目して―― 教育心理学研究, *56,* 256-267.

篠ヶ谷 圭太 (2013). 予習時の質問生成への介入および解答作成が授業理解に与える影響とそのプロセスの検討 教育心理学研究, *61,* 351-361.

Snow, R. E., Tiffin, J., & Seibert, W. F. (1965). Individual differences and instructional film effects. *Journal of Educational Psychology, 56,* 315-326.

諏訪 正樹 (2005). 身体知獲得のツールとしてのメタ認知的言語化 人口知能, *20,* 525-532.

Tajika, H., Nakatsu, N., Nozaki, H., Neumann, E., & Maruno, S. (2007). Effects of self-explanation as a metacognitive strategy for solving mathematical word problems. *Japanese Psychological Research, 49,* 222-233.

竹綱 誠一郎 (1984). 自己評価反応が漢字学習に及ぼす効果 教育心理学研究, *32,* 315-319.

吉野 巌・島貫 静 (2019). 小学校算数授業におけるメタ認知育成の試み――「頭の中の先生」としてのメタ認知の意識づけとメタ認知訓練の効果―― 教育心理学研究, *67,* 343-356.

Zimmerman, B. J. (1986). Becoming a self-regulated learner: Which are the key subprocesses? *Contemporary Educational Psychology, 11,* 307-313.

Zimmerman, B. J. (1989). A social cognitive view of self-regulated academic learning. *Journal of Educational Psychology, 81,* 329-339.

第9章

Deci, E. L. (1971). Effects of externally mediated rewards on intrinsic motivation. *Journal of Personality and Social Psychology, 18,* 105-115.

Deci, E. L. (1975). *Intrinsic motivation.* New York: Plenum.
（デシ，E. L. 安藤 延男・石田 梅男（訳）(1980). 内発的動機づけ――実験社会心理学的アプローチ―― 誠信書房）

Deci, E. L. (1980). *The psychology of self-determination.* MA: D.C. Health.
（デシ，E. L. 石田 梅男（訳）(1985). 自己決定の心理学――内発的動機づけの鍵概念をめぐって―― 誠信書房）

Dweck, C. S. (1975). The role of expectations and attributions in the alleviation of learned help-lessness. *Journal of Personality and Social Psychology, 31,* 674-685.

Dweck, C. S. (1986). Motivational processes affecting learning. *American Psychologist, 41,* 1040-1048.

榎本 博明 (2015). モチベーションの新法則 日本経済新聞出版社

Murray, H. A. (1938). *Explorations in personality: A clinical and experimental study of fifty men of college age.* New York: Oxford University Press.
（マァレー，H. A. 外林 大作（訳編）(1961). パーソナリティ I 誠信書房）

Murray, H. A. (1964). *Motivation and emotion.* Englewood Cliffs, NJ: Prentice-Hall.
（マレー，E. J. 八木 冕（訳）(1966). 動機と情緒 岩波書店）

Overmier, J. B., & Seligman, M. E. P. (1967). Effects of inescapable shock upon subsequent escape and avoidance responding. *Journal of Comparative and Physiological Psychology, 63,* 28-33.

Ryan, R. M., & Deci, E. L. (2000a). Self-determination theory and the facilitation of intrinsic motivation, social development, and well-being. *American Psychologist, 55,* 68-78.

Ryan, R. M., & Deci, E. L. (2000b). Intrinsic and extrinsic motivations: Classic definitions and new directions. *Contemporary Educational Psychology, 25,* 54-67.

Seligman, M. E. P. (1975). *Helplessness: On depression, development, and death.* San Francisco: New York: Freeman.

Seligman, M. E. P., & Maier, S. F. (1967). Failure to escape traumatic shock. *Journal of Experimental Psychology, 74,* 1-9.

Weiner, B., Heckhausen, H., & Meyer, W. -U. (1972). Causal ascriptions and achievement behavior: A conceptual analysis of effort and reanalysis of locus of control. *Journal of Personality and Social Psychology, 21,* 239-248.

第10章

Allport, G. W.(1937). *Personality: A psychological interpretation.* New York: Holt.

　　（オールポート，G. W. 詫摩 武俊・青木 孝悦・近藤 由紀子・堀 正（訳）(1982). パーソナリティ——心理学的解釈—— 新曜社）

ブリッグス，C. G.・マイヤーズ，I. B.・園田 由紀・瀧本 孝雄(2000). 日本版MBTI Form G　金子書房

Costa, P. T. Jr., & McCrae, R. R.(1985). *The NEO Personality Inventory manual.* Odessa, FL: Psychological Assessment Resources.

Costa, P. T. Jr., & McCrae, R. R.(1992). *Revised NEO Personality Inventory（NEO-PI-R）and NEO Five-Factor Inventory（NEO-FFI）professional manual.* Odessa, FL: Psychological Assessment Resources.

Costa, P. T., & McCrae, R. R.(1995). Domains and facets: Hierarchical personality assessment using the Revised NEO Personality Inventory. *Journal of Personality Assessment, 64,* 21-50.

榎本 博明(1992). 適応と不適応　伊藤 康児・榎本 博明・藤森 進（編著）教育に生かす心理学（pp.148-157）北大路書房

Eysenck, H. J., & Wilson, G.(1975). *Know your own personality.* Pelican Books.

Freud, A.(1936). *Das Ich und Abwehrmechanismen.*

　　（フロイト，A. 外林 大作（訳）(1985). 自我と防衛　第2版　誠信書房）

Freud, S.(1923). *Das Ich und das Es.*

　　（フロイト，S. 小此木 啓吾（訳）(1970). 自我とエス　井村 恒郎・小此木 啓吾他（訳）フロイト著作集　第6巻　所収　人文書院）

Freud, S.(1926). *Hemmung, Symptom und Angst.*

　　（フロイト，S. 井村 恒郎（訳）(1970). 制止，症状，不安　井村 恒郎・小此木 啓吾他（訳）フロイト著作集　第6巻　所収　人文書院）

Freud, S.(1933). *Neue Folge der Vorlesungen zur Einführung in die Psychoanalyse.*

　　（フロイト，S. 懸田 克躬・高橋 義孝（訳）(1971). 精神分析入門（続）フロイト著作集　第1巻　所収　人文書院）

Jung, C. G.(1916/1948). *Über die psychologie des Unbewussten.* Zurich.

　　（ユング，C. G. 高橋 義孝（訳）(1977). 無意識の心理　人文書院）

Jung, C. G.(1921). *Allgemeine Beschreibung der Typen.*

　　（ユング，C. G. 吉村 博次（訳）(1974). 心理学的類型　世界の名著　続14　中央公論社）

Jung, C. G.(1935/1968). *Über Grundlagen der Analytischen Psychologie.* London: Routledge & Kegan Paul.

　　（ユング，C. G. 小川 捷之（訳）(1976). 分析心理学　みすず書房）

Jung, C. G.(1939). *Bewußtsein, Unbewußtes und Individuation.*

　　（ユング，C. G. 秋山 さと子・野村 美紀子（訳）(1980). 意識　無意識　個性化　秋山 さと子（編）ユングの人間論　所収　思索社）

Jung, C. G. (1948). *Über psychische Energetik und das Wesen der Träume.*
(ユング，C. G. 秋山 さと子・野村 美紀子（訳）(1980). 夢の心理学 秋山 さと子（編）ユングの人間論 所収 思索社)

Jung, C. G. (1950). *Zur Empirie des Individuationprozeβes.*
(ユング，C. G. 秋山 さと子・野村 美紀子（訳）(1980). 個性化過程の経験 秋山 さと子（編）ユングの人間論 所収 思索社)

Jung, C. G. (1951). *Untersuchungen zur Symbolgeschichte.*
(ユング，C. G. 秋山 さと子・野村 美紀子（訳）(1980). 自我，自己，影 秋山 さと子（編）ユングの人間論 所収 思索社)

Jung, C. G. (Ed.) (1964). *Man and his symbols.* Aldus Books.
(ユング，C. G. （編）河合 隼雄（監訳）(1975). 人間と象徴――無意識の世界――（下） 河出書房新社)

河合 隼雄（1967）. ユング心理学入門 培風館

木村 駿（1964）. TAT診断法入門 誠信書房

木村 駿（1993）. TAT 上里 一郎（監修）心理アセスメントハンドブック (pp.143-162) 西村書店

Kretschmer, E. (1921/1955). *Körperbau und Charakter.*
(クレッチメル，E. 相場 均（訳）(1960). 体格と性格――体質の問題および気質の学説によせる研究―― 文光堂)

桑原 知子（2004）. 心理アセスメント2 榎本 博明・桑原 知子（編著）新訂 人格心理学 (pp.208-217) 放送大学教育振興会

Myers, I. B., & Briggs, K. C. (1998). *The Myers-Briggs Type Indicator form M.* Palo Alto, CA: Consulting Psychologist Press.

佐藤 淳一（2003）. Jung の心理学的タイプスケール作成の試み（II） 日本パーソナリティ心理学会第12回大会発表論文集，92-93.

佐藤 淳一（2005）. Jung の心理学的タイプ測定尺度（JPTS）の作成 心理学研究，*76*, 203-210.

佐藤 淳一（2009）. 共感性と感情機能について――Jung のタイプ論による検討―― 日本心理学会第73回大会発表論文集，69.

佐藤 淳一（2018）. タイプ論の感情機能と共感イメージ反応の受容性 パーソナリティ研究，*27*, 149-151.

Seides, M. S. (1989). The relationship between personality type and cognitive and emotional empathy. *Dissertation Abstracts International, 50,* 1656B.

下仲 順子・中里 克治・権藤 恭之・高山 緑（1999）. 日本版NEO-PI-R，NEO-FFI使用マニュアル 東京心理

Singer, J., Loomis, M., Kirthart, L., & Kirthart, E. (1996). *The Singer-Loomis Type Development Inventory, Version 4.1.* Gresham, OR: Moving Boundaries.

Wheelwright, J. B., Wheelwright, J. H., & Gray, H. (1964). *Jungian Type Survey: The Gray-*

Wheelwright Test (16th revision). CA: Society of Jungian Analysis of Northern California.

八尋 華那雄・遠山 尚孝・深津 千賀子・小川 俊樹 (1993). ロールシャッハ・テスト　上里 一郎 (監修) 心理アセスメントハンドブック (pp.163-191)　西村書店

山中 康裕・山下 一夫 (編) (1988). 臨床心理テスト入門──子どもの心にアプローチする ──　東山書房

第11章

安立 多惠子・平林 伸一・汐田 まどか・鈴木 周平・若宮 英司・北山 真次・河野 政樹・前岡 幸憲・小枝 達也 (2006). 比喩・皮肉文テスト (MSST) を用いた注意欠陥/多動性障害 (AD/HD)，Asperger障害，高機能自閉症の状況認知に関する研究　脳と発達，*38*, 177-181.

American Psychiatric Association (2013). *Desk reference to the diagnostic criteria from DSM-5.* Arlington, VA: American Psychiatric Publishing.
　(アメリカ精神医学会　髙橋 三郎・大野 裕 (監訳) (2014). DSM-5　精神疾患の分類と 診断の手引　医学書院)

Baron-Cohen, S., Leslie, A. M., & Frith, U. (1985). Does the autistic child have a "theory of mind"? *Cognition, 21*, 37-46.

Bender, D. S., Farber, B. A., & Geller, J. D. (2001). Cluster B personality traits and attachment. *Journal of the American Academy of Psychoanalysis and Dynamic Psychiatry, 29*, 551-563.

Brennan, K. A., & Shaver, P. R. (1998). Attachment styles and personality disorders: Their connections to each other and to parental divorce, parental death, and perceptions of parental caregiving. *Journal of Personality, 66*, 835-878.

Gathercole, S. E., & Alloway, T. P. (2008). *Working memory and learning: A practical guide for teachers.* London: SAGE.
　(ギャザコール, S. E.・アロウェイ, T. P. 湯澤 正通・湯澤 美紀 (訳) (2009). ワーキングメモリと学習指導──教師のための実践ガイド──　北大路書房)

Hobson, R. P. (1993). *Autism and development of mind.* Hillsdale, NJ: Lawrence Erlbaum Associates.
　(ホブソン, R. P. 木下 孝司 (監訳) (2000). 自閉症と心の発達──「心の理論」を越えて──　学苑社)

伊藤 美奈子 (2017). いじめる・いじめられる経験の背景要因に関する基礎的研究──自尊 感情に着目して──　教育心理学研究，*65*, 26-36.

小泉 英二 (1973). 登校拒否──その心理と治療──　学事出版

小泉 令三・若杉 大輔 (2006). 多動傾向のある児童の社会的スキル教育──個別指導と学級 集団指導の組み合わせを用いて──　教育心理学研究，*54*, 546-557.

Linum, L., Wilberg, T., & Karterud, S. (2008). Self-esteem in patients with borderline and avoidant personality disorders. *Scandinavian Journal of Psychology, 49*, 469-477.

MacKay, G., & Shaw, A. (2004). A comparative study of figurative language in children with autistic spectrum disorders. *Child Language Teaching and Therapy, 20,* 13-32.

Martin, I., & McDonald, S.（2004）. An exploration of causes of non-literal language problems in individuals with asperger syndrome. *Journal of Autism and Developmental Disorders, 34,* 311-328.

McIntosh, D. N., Reichmann-Decker, A., Winkielman, P., & Wilbarger, J. L.（2006）. When the social mirror breaks: Deficits in automatic, but not voluntary, mimicry of emotional facial expressions in autism. *Developmental Science, 9,* 295-302.

Mikulincer, M., & Shaver, P. R.（2012）. An attachment perspective on psychopathology. *World Psychiatry, 11,* 11-15.

文部科学省（2012）．通常の学級に在籍する発達障害の可能性のある特別な教育的支援を必要とする児童生徒に関する調査結果について　文部科学省　Retrieved from https://www.mext.go.jp/a_menu/shotou/tokubetu/material/1328729.htm

文部科学省（2019）．平成30年度児童生徒の問題行動・不登校等生徒指導上の諸問題に関する調査結果について　文部科学省　Retrieved from https://www.mext.go.jp/b_menu/houdou/31/10/1422020.htm

森田 洋司（2010）．いじめとは何か──教室の問題，社会の問題──　中央公論新社

大野 裕（1998）．人格障害　詫摩 武俊（監修）性格心理学ハンドブック（pp.189-199）　福村出版

Watson, D. C.（1998）. The relationship of self-esteem, locus of control, and dimensional models to personality disorders. *Journal of Social Behavior and Personality, 13,* 399-420.

湯澤 正通（2019）．ワーキングメモリの発達と児童生徒の学習──読み書き・算数障害への支援──　発達心理学研究, *30,* 188-201.

湯澤 正通・渡辺 大介・水口 啓吾・森田 愛子・湯澤 美紀（2013）．クラスでワーキングメモリの相対的に小さい児童の授業態度と学習支援　発達心理学研究, *24,* 380-390.

第12章

東 洋（著）柏木 惠子（編）（1989）．教育の心理学──学習・発達・動機の視点──　有斐閣

Butler, R.（1988）. Enhancing and undermining intrinsic motivation: The effects of task-involving and ego-involving evaluation on interest, and performance. *British Journal of Educational Psychology, 58,* 1-14.

榎本 博明（2020）．教育現場は困ってる──薄っぺらな大人をつくる実学志向──　平凡社

西岡 加名恵（2015）．教育実践の改善　西岡 加名恵・石井 英真・田中 耕治（編）新しい教育評価入門──人を育てる評価のために──（pp.143-167）　有斐閣

梅澤 実・西岡 加名恵・喜多 雅一・宮本 浩子・原田 知光・坂東 明典・真鍋 憲人・米澤 義彦・津村 美帆（2003）．ポートフォリオ評価法を用いたルーブリックの開発（第1号・第2号合冊版）　鳴門教育大学平成13・14年度教育研究基盤校費「教育研究支援プロジェクト経費」研究報告書

人名索引

事 項 索 引

著 者 略 歴

榎本　博明
<small>えのもと　ひろあき</small>

1979 年　東京大学教育学部教育心理学科卒業
1983 年　東京都立大学大学院心理学専攻博士課程中退
1992 年〜93 年　カリフォルニア大学客員研究員
　　　　　大阪大学大学院助教授，名城大学大学院教授等を経て
現　在　MP 人間科学研究所代表
　　　　　産業能率大学兼任講師　博士（心理学）

主 要 著 書

『「自己」の心理学――自分探しへの誘い』サイエンス社，1998
『〈私〉の心理学的探究――物語としての自己の視点から』有斐閣，1999
『〈ほんとうの自分〉のつくり方――自己物語の心理学』講談社現代新書，2002
『自己心理学 1 〜 6』（シリーズ共監修）金子書房，2008-09
『「上から目線」の構造』日本経済新聞出版社，2011
『「すみません」の国』日本経済新聞出版社，2012
『「やりたい仕事」病』日本経済新聞出版社，2012
『はじめてふれる心理学［第 2 版］』サイエンス社，2013
『「やさしさ」過剰社会』PHP 新書，2016
『自己実現という罠』平凡社新書，2018
『はじめてふれる人間関係の心理学』サイエンス社，2018
『はじめてふれる産業・組織心理学』サイエンス社，2019
『わかりやすいパーソナリティ心理学』サイエンス社，2020
『教育現場は困ってる』平凡社新書，2020
『「さみしさ」の力』ちくまプリマー新書，2020

ライブラリ わかりやすい心理学＝2

わかりやすい教育心理学

2021 年 4 月 10 日 ©　　　　　初 版 発 行

著　者　榎本博明　　　発行者　森平敏孝
　　　　　　　　　　　印刷者　中澤　　眞
　　　　　　　　　　　製本者　小西惠介

発行所　　**株式会社　サイエンス社**

〒151-0051　東京都渋谷区千駄ヶ谷 1 丁目 3 番 25 号
営業 TEL　(03)5474-8500(代)　　振替 00170-7-2387
編集 TEL　(03)5474-8700(代)
FAX　　　(03)5474-8900

組版　ケイ・アイ・エス
印刷　㈱シナノ　　　　製本　ブックアート
《検印省略》

サイエンス社のホームページのご案内
https://www.saiensu.co.jp
ご意見・ご要望は
jinbun@saiensu.co.jp　まで.

ISBN978-4-7819-1501-2

PRINTED IN JAPAN

わかりやすい
パーソナリティ心理学

榎本博明 著

A5 判・256 頁・本体 2,300 円（税抜き）

私たちは人とのかかわりの世界を生きています．周囲の人とどうしたらうまくつきあっていけるかは，誰にとっても重大な関心事と言えます．そこで気になるのが人の思考や行動のパターンですが，それには個人内の法則性——パーソナリティがあります．本書は，そのようなパーソナリティに関する心理学について，わかりやすさに定評のある著者が，丁寧に解き明かします．

サイエンス社